Markus Alexander

Roger Federer – Tennis für die Ewigkeit

FSC
www.fsc.org
MIX
Papier aus verantwortungsvollen Quellen
Paper from responsible sources
FSC® C105338

2., überarbeitete und erweiterte Auflage

ISBN 9783942654579

Markus Alexander

Roger Federer – Tennis für die Ewigkeit

Baltic Sea Press

Der Federer-Moment

Was ist ein Federer-Moment? Fast jeder Tennisfan, der die großen Herrenturniere vor dem Fernseher verfolgt, hat in den vergangenen Jahren einen solchen Moment erlebt. Wieder und wieder kommt es in Spielen mit Roger Federer vor, dass Gegner alles was sie haben, ihre ganze Kraft und Wut, in einen einzigen Schlag legen. Das begeisterte Publikum beginnt bereits zu applaudieren, denn der Punkt scheint sicher. Doch dann das. Der Ball kommt zurück. Und kommt irgendwo, unerreichbar im Winkel von Grund- und Außenlinie, nieder. Das sind jene Momente, in denen man dem Schweizer mit weitaufgerissenen Augen und offenem Mund zusieht. Deshalb hat man Roger Federer zum größten Tennisspieler erklärt, der jemals die Plätze dieser Welt betreten hat.

Es gibt unzählige Hymnen auf diesen Mann, der im Olymp des Sports angekommen ist wie Muhammad Ali und Tiger Woods, wie Michael Jordan und Michael Schumacher. Sieht man Roger Federer live spielen, ist das beinahe so etwas wie eine „religiöse Erfahrung“. Viele zittern mit ihm, dass ein weiteres Mal die Leichtigkeit der Improvisation über die Hammerschläge von der Grundlinie siegen möge, die Eleganz über die rohe Kraft. Patty Schnyder, die Schweizer Landsmännin des Champions, drückt dies so aus: „Rogers Spiel sieht so leicht aus. Er findet einen Weg, fast jeden zu schlagen. Er ist so beeindruckend.“ In einem Beitrag für die *New York Times* schwärmte der amerikanische Schriftsteller David Foster Wallace von der „Schönheit der Bewegung“ im

Spiel des Schweizers, wollte in diesem scheinbar schwerelosen Auftreten gar eine „Aussöhnung des Menschen mit seinen körperlichen Beschränkungen“ erkannt haben. Wenn der Schweizer aufschlage, stünde den Zuschauern ein „faszinierendes, einmaliges Spektakel“ bevor, meinte der ehemalige Weltranglistenerste Jimmy Connors. Manche Schläge von ihm habe man noch nie auf dieser Erde gesehen. Und Pierre Paganini, Federers Fitnesscoach, meint, sein Schützling sei ein Künstler, ein Genie, von dem man nicht erwarten könne, dass er mit zornrotem Gesicht auf dem Feld herumstampfe. Die australische Tennislegende Rod Laver erklärte Federer gar zu einem „Wunder auf zwei Beinen“.

Roger Federer gilt allgemein als der perfekteste Spieler in der Geschichte des Tennis. Er ist konditionell stark, und in punkto Technik und Taktik hat er keine offensichtlichen Schwächen. Dann seine Intelligenz. Keiner liest wie er das Spiel seiner Gegner. Keiner ändert seine Taktik so geschmeidig wie Federer, der in der Lage ist, seine Software laufend umzuprogrammieren, weil er in der Analyse von Gegnern und Matches schlicht herausragend ist. Der Schweizer besitzt wie kein anderer die Fähigkeit, den richtigen Winkel für einen Schlag zu erkennen. Diese spektakulär geschlagenen Winner – die Federer-Momente – kommen freilich selten aus dem Nichts. Sie sind meist über mehrere Spielzüge angelegt und hängen nicht nur davon ab, wie Federer die Bewegungen des Gegners bestimmt, sondern auch von Tempo und Platzierung des entscheidenden Schlags.

Roger Federers Stil ist klassisch. Er selber nannte es einmal Tennis im Retro-Stil. Seit fast zwei Jahrzehnten wird offiziell erklärt, dass sich das professionelle Tennis von einem Spiel, das von Tempo und Finesse geprägt war, in ein körperbetontes, fast brutales Spiel verwandelt habe. Die Profis von heute sind in der Tat messbar größer, stärker und fitter. Die modernen Hightech-Schläger verleihen ihnen die Möglichkeit, mit mehr Tempo und Spin zu spielen.

Die Frage ist daher, wieso ausgerechnet jemand von Federers Eleganz das Herrentennis dominiert. Er spielt alle Schläge sehr sparsam mit kurzer Ausholbewegung und setzt seinen Körper optimal ein. Dazu kommt eine optimale Schlägerhaltung und perfekte Beinarbeit. Seine Vorhand gehört zu den drei besten der Welt, sie gilt als sein spektakulärster und auch erfolgreichster Schlag. Vom *Tennis Magazine* wurde sie gar als beste Vorhand in der Geschichte des Sportes bezeichnet.

Federer zum Spiel mit der Rückhand zu zwingen, gilt hingegen als eine der bewährtesten Taktiken auf der Profitour, um den Schweizer zu besiegen. Da kann man sich aber schnell täuschen. Federer hat auch eine sehr gute einhändige Rückhand, die er maßgeblich zur Vorbereitung eines Gewinnschlages einzusetzen pflegt. So arbeitet Federer speziell bei Returnspielen häufig mit dem Rückhandslice, um den Gegner in eine defensive Situation zu zwingen.

Einhändig Vorhand und Rückhand, trockene Volleys und immer wieder die Aufschläge, die ihre Wirkung weniger ihrer Härte als der bemerkenswerten Präzision verdanken. Seine Präzision gilt überhaupt als Federers größte Waffe. Wenn er drei Asse auf die Linie braucht, dann schlägt er sie. Natürlich nicht immer. Kein anderer aber kann seine Bälle präziser im gegnerischen Feld unterbringen. Überhaupt zählt Federer zu jenen Spielern, die die meisten Asse schlagen. Kein Spieler ist bei eigenen Aufschlagspielen und bei direkten Returnpunkten auf den ersten gegnerischen Aufschlag so erfolgreich wie der Schweizer. Darüber hinaus hat er eines der besten zweiten Services auf der Tour.

Ivan Lendl hat beobachtet, dass Federer einfach über den größten Vorrat an Gewinnschlägen verfügt. „Die meisten Spieler beherrschen zwei oder drei dieser Schläge, um einen Punkt zu machen. Roger hat einfach mehr davon. Deshalb setzt sich sein Allroundspiel gegen eher einseitig veranlagte Spielertypen seiner Generation wie Andy Roddick (wesentlicher Faktor: Aufschlag) oder auch Lleyton Hewitt (wesentliche Faktoren: Beinarbeit und Returnspiel) durch. Federer ist mittlerweile ein Tennis-Chamäleon, das sich jedem Platz anpassen kann, auch der roten Asche, die ihm anfangs so viel Kopfzerbrechen bereitete.

Hinzu kommt die unglaubliche Konstanz des Schweizers. Nikolay Dawidenko hat für die Überlegenheit Federers deshalb eine einfache Erklärung: „Fast alle von uns haben irgendwann einmal in einem wichtigen Turnier einen schlechten Tag. Nicht Roger Federer, er ist einfach immer da und spielt eigentlich immer gut.“ Das liegt auch an seiner Fitness. Federer weiß sicherlich genau, wie wichtig die Regenerationsphasen für seinen Körper sind. Seine restriktive Spielplanung ist ein wichtiger Faktor seines Erfolges, sie hilft ihm dabei, Verletzungen zu kurieren und mentalen Abstand zu nehmen. Zu Beginn des Jahres plant er deshalb seine Saison mit großer Sorgfalt: Anstelle von Turnier zu Turnier zu rasen – wie das viele seiner Rivalen tun – legt Federer den Schwerpunkt auf die Grand-Slam-Turniere (Australian Open, French Open, Wimbledon und US Open). Deswegen verschwindet er mitten in der Saison plötzlich mal für einen Monat, taucht wieder auf und holt sich den nächsten Sieg. Dass er damit viele Fans enttäuscht, nimmt er in Kauf.

Und selbst wenn er zu einem Turnier antritt, scheint er nicht immer von Beginn an volle 100 Prozent seiner möglichen Leistung zu geben. Oft spielt er zunächst langsam, bis es im ersten Satz langsam gefährlich wird – und legt erst dann richtig los. Denn er scheint genau zu wissen, wann ihm seine Gegner gefährlich werden können.

Roger Federer ist kein Tennisroboter, sondern hat offensichtlich Spaß am Spiel. Manchmal wirkt er wie ein Kind, dessen Augen vor jeder neuen Übung funkeln und dessen Hunger auf Neues nie gestillt zu sein scheint. Er ist nie satt. Dabei braucht er aber keine Aggressionen gegen den Gegner, um sich zu motivieren. Er will vor allem schöne Punkte machen. Sein bestes Tennis abrufen.

Natürlich ist Roger Federer nicht perfekt. Dann wäre er unschlagbar. Und das ist er nicht. Er ist ein Mensch, keine Maschine. Federer würde auch niemals denken, er sei unschlagbar, unverwundbar: Er hat vielmehr den Instinkt für die Gefahr, die immer lauert. Auch ein Federer hat Schwächen, vor allem psychischer Natur, die ihm insbesondere in Spielen gegen die Rivalen Rafael Nadal und Andy Murray bittere Niederlagen beschert haben. Aber darüber redet kaum jemand. Jeder Anflug von Kritik käme einer Majestätsbeleidigung gleich. Zu sympathisch ist der Schweizer. Bei Nadal, Murray oder Novak Djokovic werden (auch die charakterlichen) Schwächen gnadenloser analysiert.

Der Tennissport bringt ungewöhnliche Typen hervor. Aber so einen wie Roger Federer, darin ist sich die Fachwelt einig, gab es bislang noch nicht. Vor seiner Perfektion, seiner Brillanz hat man sich unbedingt zu verneigen. Dies gilt aber nicht nur für den Sportler Federer. Für seine russische Kollegin Jelena Dementiewa ist er der Beste aller Zeiten. Was sie an ihm mag, ist jedoch auch die Art und Weise, wie er sich neben dem Platz verhält. Eine Umfrage der WTA unter den besten Tennis-Spielerinnen, wer denn ihr Lieblings-Spieler sei, hat ergeben, dass der Schweizer mit großem Abstand vor seinem größten Rivalen, dem Spanier Rafael Nadal, liegt.

Seine Perfektion auf dem Platz hat er auch auf sein Leben übertragen. Das öffentliche Interesse am Schweizer beruht nicht auf peinlichen Skandalen, die den Fans bedeuten, dass da einer ist, der auch Fehler begeht und deshalb allzu menschlich wirkt. Der Mensch Federer mag für viele langweilig sein. Aber er straft damit alle jene Weltberühmtheiten Lügen, die behaupten, es sei bei ihrem Status unmöglich, Privatsphäre zu wahren.

Franz Beckenbauer machte dem sportlich wie menschlich außergewöhnlichen Federer ein ganz besonderes Kompliment: „Mir ist aufgefallen, dass wirklich große Sportler ganz natürliche und normale Menschen sind. So wie Roger eben." Federer ist immer höflich, und um ihn gibt es nie Skandale oder aufgeregte Geschichten. Ihn umgibt kein großer Tross, wenn er auf Reisen geht. In Deutschland lieben sie ihn, als wäre er einer der Ihren, in Paris umarmen ihn die Franzosen, in London jubeln ihm die Engländer zu. Das durchschnittlich etwas ältere amerikanische Tennispublikum liebt ihn ganz besonders. Diese Menschen haben die gute, alte Epoche erlebt, als Tennis in ihren Augen noch ein durch und durch höflicher Sport und das Auftreten auf dem Platz ebenso wichtig wie der Erfolg war. Die Österreichische Post ehrte den überragenden Tennisspieler der vergangenen Jahre mit einer eigenen Sonderbriefmarke, die ihn beim ersten Sieg in Roland Garros zeigt.

Was ihn so sympathisch macht, ist auch die fast kindliche Freude, die er beim Spielen empfindet und auch offen zeigt. Auch die Enttäuschung nach Niederlagen. Anders als zum Beispiel Pete Sampras zeigt dieser Federer seine Emotionen dem Publikum ohne Scheu. Da zeigt sich die reine kindliche Freude, die er sich bis heute bewahrt hat. Auch wer ihm im Training zuschaut, wird feststellen, dass er oft lacht.

In seiner Kindheit war es für Roger Federer nicht ausgemacht, dass er einmal als Tennis-Champion die Schlagzeilen weltweit dominieren würde. Es hätte alles ganz anders kommen können. Federer hätte auch für die Schweizer Nationalmannschaft auf dem Bolzplatz auflaufen und im rot-weißen Trikot Tor um Tor schießen können. Der am 8. August 1981 in Basel geborene Federer war jedenfalls als kleiner Knirps ein außergewöhnlich guter Fußballspieler. Auch in anderen Sportarten versuchte er sich und zeigte schon als Kind großen sportlichen Ehrgeiz, der manchmal in Aggressivität umschlug, wenn es nicht so lief, wie er das wollte.

Austoben sollte der Junge sich, als er mit dreieinhalb Jahren auch noch begann, die ersten Tennisbälle über das Netz zu schlagen. Als seine Eltern beobachteten, wie ihr Sohn lauter „seltsame Schläge" ausprobierte, besorgten sie ihm in Basel die ersten Trainer.

Im Tennis läuft ohne Eltern nichts. Gerade in frühen Jahren sind sie wichtig, wenn der Tennisverband noch nicht auf ein Talent aufmerksam geworden ist. Es gab Jahre, in denen Federers Eltern etwa 20.000 Kilometer im Jahr fuhren, um den Sohn ins Training oder zu Turnieren zu chauffieren.

Viele Tennisprofis werden vom Vater oder von der Mutter gecoacht. Rogers Eltern haben in früheren Jahren zwar auch mal einen Tipp auf den Tennisplatz gerufen. Doch alles blieb in einem vernünftigen Rahmen. Zu Streitereien mit anderen Eltern kam es nie. Stattdessen pflegte man zu den Familien der anderen Tennistalente ein ausgezeichnetes Verhältnis. Offensichtlich hat Federer dieses Verständnis von Sportlichkeit später auch auf die ATP-Tour getragen.

In seiner Jugend fiel Federer als Tennisspieler nicht großartig auf, erst mit 14 nahm sich der Schweizer Tennisverband der Karriere des jungen Talentes an. In diesem Alter verließ er das Elternhaus, zog nach Biel ins Leistungszentrum des Tennisverbandes. Es war eine harte Zeit für ihn. Er konnte kein Französisch, wurde anfangs von den anderen Jungs aufgezogen und gehänselt. Bald schon verschaffte er sich jedoch Respekt, indem er sein Racket sprechen ließ. Doch kaum jemand hätte von ihm erwartet, dass er jemals das Welttennis würde dominieren können.

Wenn Federer schlecht spielte, sah er den Ball vor lauter Tränen nicht mehr. Er zertrümmerte den Schläger, wurde ständig aus den Trainings-Stunden verwiesen. Irgendwann merkte er, dass es danach schwierig war, die nötige Konzentration fürs Spiel zu finden. Schließlich griffen seine Eltern ein. Auch wenn sie ihn nie gedrillt haben, streng waren sie durchaus. Irgendwann sagten sie, wenn es so weitergeht, kommen wir nicht mehr zuschauen. Also ließ er es bleiben und zwang sich zur Ruhe. Mit 17 entschied er sich sogar dafür, einen Sport-Psychologen zu konsultieren. Dieser half ihm dabei, dass aus dem explosiven John McEnroe-Typ ein gelassener Björn Borg-Typ wurde. Auch einer seiner ersten Trainer, Peter Carter, half ihm. Er war ein Gentleman, und das gefiel Federer. Auch wie er Probleme im Ruhigen löste.

Vorbilder? Anfangs eiferte er Boris Becker nach, dann dem Schweden Stefan Edberg, schließlich dem Amerikaner Pete Sampras, mit dem Federer eine besondere Beziehung verbindet. Am 2. Juli 2001, dem Achtelfinaltag in Wimbledon, schlägt Roger Federer zum ersten Mal auf dem Centre-Court auf, ihm gegenüber steht Pete Sampras. Nach drei Stunden 41 Minuten ist es passiert, Sampras ist geschlagen, die Wachablösung nimmt ihren Lauf. Doch dazu später mehr.

Mit 16 hörte Federer mit der Schule auf. Die Schule lenkte ihn zu sehr vom Tennis ab. Und wirklich: Sobald er mit der Schule aufgehört hatte, machte er Riesenschritte nach vorn. Als 15-Jähriger hatte er im nationalen Schweizer Tennis-Zentrum in Ecublens seine sportlichen Ziele auflisten müssen. Während andere „Profis werden" oder „unter die Top 100 vorstoßen" wollten, erklärte Federer unumwunden, er wolle in die Top Ten vorstoßen und später die Nummer 1 werden.

Ende 1997, sechzehneinhalbjährig, war Roger Federer die Nummer 692 der Welt, ein Jahr später die Nummer 302. Sein Debüt auf der ATP Tour gab er im Juli 1998 in Gstaad und konnte bereits im September in Toulouse sein erstes Viertelfinale bei den Profis erreichen. In dieser Zeit stieß er bei den Junioren in die Weltspitze vor. Mit 17 wurde er Junioren-Weltmeister, mit 18 Jahren und vier Monaten der jüngste Spieler in den Top 100. Der offizielle Status als Junioren-Weltmeister und Junioren-Wimbledonsieger half dem mittlerweile 17-jährigen, auf der Profitour Fuß zu fassen. Er erhielt im Laufe seiner ersten vollständigen Profisaison insgesamt acht Wildcards für ATP-Turniere. In seiner Heimat Schweiz nahm man von der aufsteigenden Entwicklung des jungen Talents freilich kaum Notiz. Zu sehr überstrahlte Martina Hingis alles, bis sie sich 1999 im French-Open-Finale gegen Steffi Graf unter Tränen blamierte.

Noch war Roger Federer ein ganz normaler Junge, der zum Abschalten Fernsehen schaute, mit der Playstation spielte – also einfach das tat, was allen Jungen gefällt. Ein weißes Stirnband wurde zu seinem Markenzeichen – durch Zufall. Es war im Daviscup in St. Gallen gegen Weißrussland, die Schweiz kämpfte gegen den Abstieg. Federers Haare waren gewachsen, und er fragte George Bastl, wie man so ein Stirnband montiert, und er zeigte es ihm. Federer spielte damit und gewann. Auf der Tour wurde er zuerst verspottet: *niña,* Mädchen, riefen ihm die andern Spieler zu.

Bei den Olympischen Spielen 2000 stieß Federer – mittlerweile auf Platz 36 im Champions Race – bis ins Halbfinale vor, wo ihm allerdings Tommy Haas keine Chance ließ. Mit der Zielsetzung, in seiner dritten Profisaison seinen ersten Turniersieg zu erzielen und eine Platzierung unter den besten 15 Spielern der Welt einzunehmen, startete Federer in die Saison 2001. Das erste Ziel erfüllte sich im Februar. Im dritten Anlauf gewann Federer erstmals ein Turnierfinale in Mailand gegen Julien Boutter. Im Davis Cup hatte Federer mit zwei Einzelsiegen entscheidenden Anteil am Erstrundensieg der Schweiz gegen die USA. Im Viertelfinale des Wettbewerbes gegen Frankreich erklärte Federer, dass er unter Davis-Cup-Coach Jakob Hlasek zukünftig nicht mehr am Davis-Cup teilnehmen werde. Wenige Wochen später wurde der Vertrag mit Hlasek gelöst, was Federers gestiegene Bedeutung im Schweizer Tennis bewies.

Beim Masters in Hamburg war es nach einem Spiel gegen den Argentinier Squillari, als er seinen letzten Schläger zerhackte. Danach beschloss er, damit aufzuhören. Er zwang sich, ruhig zu bleiben. Mit Erfolg.

Mit den sportlichen Erfolgen ging also auch eine Reifung der Persönlichkeit einher. Als junger Spieler hatte Federer öfter ein Tief, war unzufrieden mit sich. Dann warf er den Schläger weg, seine Körpersprache war lasch. Das passierte nun immer seltener. Er wurde älter, kräftiger, smarter – ein ganz normaler Reifeprozess. Aber er musste geführt werden, und er musste das Vertrauen entwickeln, dass der eingeschlagene Weg der richtige ist. Diese Aufgabe übernahmen seine Trainer.

Seit 2000 wurde Roger Federer von Peter Lundgren gecoacht. Als Lundgren den Spieler übernahm, schaute er erst einmal, was vorhanden war. Er sah gute Schläge, eine schlechte Beinarbeit, einen etwas zu faulen und ein bisschen zu dünnen Jungen. Lundgren sah aber auch ein intelligentes Spiel. Bei Federer nahm er ein unglaubliches Auge wahr, was allerdings dazu führte, dass dieser immer noch zu sehr mit dem Auge statt mit dem Körper arbeitete.

Lundgren notierte sich auch schlechte Volleys wegen schwacher Handgelenke und der Angst, überhaupt ans Netz zu kommen. Die Returns taugten nicht viel, zu viele Slices auf der Backhandseite. Wenn Federer sich gut fühlte, wusste er genau, welchen Schlag er spielen musste. Wenn nicht, hatte er Probleme, dann war es möglich, dass er den falschen Schlag wählte. Laut Lundgren passiert das aber nur einem Spieler mit enormem Talent. Federer war schon damals nicht das Arbeitstier, dem man 2.000 Bälle auf die Rückhandseite zuspielen kann, der draufhaut und sich dabei sauwohl fühlt. Bei Federer musste auch das Training Spaß machen. Federer besaß damals eine unbändige Energie. Sein Coach und er lieferten sich damals den ganzen Tag irgendwelche Duelle. Wenn nicht beim Tennis, dann eben beim Kartenspiel oder beim Schach – ein ewiger Kampf vom frühen Morgen bis in den späten Abend.

Federer und Lundgren redeten auch viel darüber, dass Roger seine Kräfte nicht mit destruktivem Verhalten auf dem Court vergeuden dürfe. Dass er sich mit seinen Selbstbeschimpfungen und seinem unkontrollierten Zorn nur selbst schaden würde. Und dass es auch ganz und gar nicht zum Spielertyp Roger Federer passe. Als Federer dann ruhiger wurde, verfiel er anfangs oft ins andere Extrem, wurde fast ein wenig lethargisch und ging leblos ans Werk. Doch dieser kritische Prozess der Selbstfindung zahlte sich aus, und Federer weiß heute genau, wann er sich beruhigen, und wann er sich in einer anderen Spielphase aufputschen muss. Dieses emotionale Wechselspiel klappt meist perfekt.

Im Profitennis ist ohne Fitness alles nichts, insbesondere bei den Grand-Slam-Turnieren. Die Aufgabe, Roger Federer fit zu machen und fit zu halten fiel dem ehemaligen Leichtathleten und Fußballer Pierre Paganini zu. Als Konditionstrainer war es seine Mission, Roger Federer so weit zu bringen, dass er im fünften Satz, nach vier Stunden Spiel, noch fähig ist, ein Service mit 200 km/h ins andere Feld zu schlagen. Die Kunst dabei war, dass unter dem Kraftzuwachs Federers Spritzigkeit nicht leidet oder die unerhörte Leichtigkeit des Schlags verloren geht. Das Mittel, dieses Ziel zu erreichen, war integriertes Konditionstraining. Gleich neben dem Tennisplatz ließen die Trainer Federer in einen Müdigkeitszustand rennen. In diesem Zustand schickte man ihn auf den Tennisplatz, denn jetzt, in der Müdigkeit, kamen die natürlichen Reflexe hervor. All die schlechten Gewohnheiten, die am schwierigsten abzugewöhnen sind. Und daran arbeitete dann der Coach mit Federer.

Das größte Problem von Roger Federer war sein extremes Talent, das es ihm erlaubte, athletische Defizite zu überspielen. In der Athletik hatte er einen großen Rückstand. Zur gleichen Zeit musste er aber auch schon sein Ranking verteidigen, konnte es sich also nicht leisten, nur an der Grundkondition zu arbeiten. Die Ausdauer musste mit der Qualität der Bewegungsabläufe einhergehen. Daran wurde viel gearbeitet. Heute erreicht er eine maximale Schnelligkeit von 20 Stundenkilometern, das heißt, er kann mit einem regionalen Sprinter auf den ersten dreißig Metern mithalten.

Und schließlich war Federer echt gut, wenn er das Spiel dirigierte. Wenn hingegen der Gegner dominierte, hatte er noch lange Mühe, die Lösung im konditionellen und koordinativen Bereich zu finden, also über Körpersprache und Bewegungsabläufe ins Spiel zurückzufinden.

Auf den Turnieren merkte Federer, dass sich das harte Training auszahlte. In harten Matches mit langen Ballwechseln und hohem Puls wäre er früher „zusammengebrochen", doch jetzt spürte Federer, dass er körperlich mithalten konnte und immer noch mit Präzision spielte, also viel weniger Bälle am Rahmen hatte.

Mit Paganini trainierte Federer aber nicht nur Kondition, sondern auch die Psyche. Für Paganini sind beide Komponenten nicht zu trennen. Ein Spieler kann einen ganz schlechten Tag während eines Turniers erwischen, aber er kann trotzdem gewinnen – vorausgesetzt, er ist clever und in der Lage, sich selbst zu spüren und einzuschätzen, also die Verbindung zwischen Gefühl, Bewegung und Spiel herzustellen. Paganini versuchte, bei seinem Schützling dieses Gespür zu schulen.

Schweizer Tennis-Highlights sind rar. 1992 setzte Marc Rosset die ersten hoffnungsvollen Zeichen. Zunächst mit einem denkwürdigen Olympia-Finalerfolg gegen den Spanier Jordi Arrese über fünf Sätze in der Gluthitze von Barcelona, dann mit einem Sieg gegen die Nummer 1 der Welt, Jim Courier, zur 1:0-Führung der Schweiz im Davis-Cup-Finale gegen die Vereinigten Staaten in Fort Worth (am Ende stand es aber 1:3). Fünf Jahre später machte die erst 16-jährige Martina Hingis weit über das Tennispublikum hinaus auf sich aufmerksam: Zuerst gewann sie das Grand-

Slam-Turnier in Australien, dann in Wimbledon und schließlich, als fast 17-Jährige, die US-Open in New York.

Roger Federer machte permanent Fortschritte – Schweizer Junioren-Meister 1997, Junioren-Sieger in Wimbledon 1998 – doch wirklich Notiz nahm die Welt von ihm erst, als er 2001 in Wimbledon im Viertelfinale den siebenfachen Wimbledon-Champion Pete Sampras schlug.

In jenem Jahr nahm eine Liebesgeschichte ihren Anfang. Tennis auf der Grasnarbe ist eine ganz besondere Sache. Die gelben Filzbälle springen vom kurz geschorenen Rasen ganz anders ab als auf Hart- oder Sandplätzen. Zudem verändert sich der Untergrund im Verlauf des zweiwöchigen Grand-Slam-Turniers in Wimbledon aufgrund wechselnder Witterungsbedingungen und der Spuren, welche die Spieler hinterlassen. Am Spiel auf Rasen scheiden sich dann auch die Geister unter den weltbesten Tennisprofis. Jene, die mit den ungewohnten Bedingungen schlecht umgehen können, bezeichnen Tennis in Wimbledon als andere Sportart, ja sogar als Anachronismus. Am liebsten würden sie Turniere auf Rasen abschaffen. Und tatsächlich wird ja nur noch in Wimbledon und während der zwei Wochen vor dem Spektakel im Südwesten Londons auf Gras gespielt wird. Früher waren Rasenturniere auch in den USA und in Australien üblich. Hier pflegten die Cracks das inzwischen fast ausgestorbene Serve-and-Volley-Spiel.

Andererseits ist Wimbledon aber das geschichtsträchtigste Turnier überhaupt – und im Tennis gilt Tradition sehr viel. Kein Turnier ist bekannter – und deshalb träumten viele der heutigen Stars schon als Kinder davon, dort vor den Gästen in der Royal Box und den 15.000 Zuschauern zu triumphieren. Roger Federer wird einer von ihnen gewesen sein. Und ausgerechnet der Schweizer war es, der im Jahre 2001 eine Wimbledon-Ära beenden sollte.

Sieben Mal in den letzten acht Jahren hatte der Amerikaner Pete Sampras die All England Tennis Championships als Sieger verlassen. 31 Matches war er in Wimbledon ungeschlagen – bis er 2001 im Achtelfinale auf Federer traf. Vor dem Match gegen Sampras sagte sich der Schweizer, du spielst gegen eine Legende, zum ersten Mal auf dem Center Court von Wimbledon, geh raus und genieß es. Versuch, seinen Aufschlag zurückzubringen. Und von der Grundlinie aus bist du sowieso besser als er. Das sagte sich Federer, aber nie hätte er sich träumen lassen, dass er tatsächlich hinausgeht und gewinnt.

6:7 (7:9), 7:5, 4:6, 7:6 (7:2), 5:7 stand es am Ende aus der Sicht von Sampras. Während sich der siebenmalige Wimbledon-Champion eilig vom Platz machte, um geschwind seine sieben Sachen zusammenzuraffen, sank sein Bezwinger Federer auf die Knie. Ganz so wie einst der große Björn Borg nach einem seiner fünf Triumphe in London – Federer wie Borg mit schulterlangem Schopf. „Notieren Sie in Ihrem Notizbuch den 2. Juli", schrieb anschließend der Reporter der *Times,* bis über beide Ohren begeistert, „es war der Tag, an dem sich in Wimbledon alles änderte." Selbst Andre Agassi kam in seiner emotionslosen Bilanz zu dem Schluss, dass „es scheint, als sei Federer nun derjenige, der einen beunruhigen muss". Es war übrigens das einzige Duell zwischen Federer und Sampras auf der Profitour. Viel später folgten noch einige Schaukämpfe, aus denen meist Federer als Sieger hervorging.

Nach dem Wimbledon-Achtelfinale war Federer der Mann, der Sampras geschlagen hatte. Am Anfang konnte ihm das recht sein. Aber dann begann er wohl sich selber unter Druck zu setzen. Immer wollte er so spielen wie in jenem Spiel gegen Sampras. Seine Einstellung auf dem Platz geriet durcheinander. Und es war, als ob ihm das innere Ich abhandengekommen wäre, so Federer im Rückblick. Es war kein Feuer mehr da. Er musste sich wieder suchen. Er merkte, dass er dieses Match vergessen musste. Auch die Presse musste loslassen, und die Fans.

Nach dem grandiosen Sieg erwarteten alle Experten und Tennisfans den Durchbruch des jungen Schweizers. Aber danach fehlten die großen Turniersiege. Ehemalige Champions wie John McEnroe analysierten, dass Federer oft gar nicht gewusst habe, was er mit seinem ganzen Repertoire anstellen solle. Es sei paradox, aber er könne fast zu viel.

Im weiteren Turnierverlauf von Wimbledon zog sich Federer eine Leistenverletzung zu, die ihn im Anschluss zu einer siebenwöchigen Pause zwang. Zu viel Zeit, um über den Erfolg nachzudenken. Erst zu den US Open im Spätsommer war er wieder fit, wo er im Achtelfinale gegen Andre Agassi verlor. Ein Finaleinzug in Basel während der folgenden Hallensaison reichte nicht aus, um den nach den Erfolgen der ersten Saisonhälfte möglichen Einzug beim Tennis Masters Cup der besten acht Saisonspieler zu verwirklichen. Federer beendete die Saison auf Platz 13 der Weltrangliste.

Zu Beginn der Saison 2002 konnte Federer in Sydney seinen zweiten Karrieretitel feiern. Bei den Australian Open unterlag er dagegen im Achtelfinale, genauso wie im Finale von Mailand. Im März erreichte er in Miami sein erstes Finale bei einem Masters-Series Turnier, verlor das Spiel gegen Andre Agassi aber in vier Sätzen.

Es war schließlich am Hamburger Rothenbaum, dass Federer seinen ersten Erfolg bei einem Super-Neun-Turnier feiern konnte. Der Schweizer hatte ursprünglich auf seinen Start in Hamburg verzichten wollen. Zu schlecht war bislang die Sandplatzsaison für ihn verlaufen. In Monte Carlo war für ihn in der zweiten, in Rom sogar in der ersten Runde Endstation gewesen. Und am Rothenbaum war der 20 Jahre alte Federer in den vergangenen beiden Jahren noch jeweils in der ersten Runde ausgeschieden. Er trat dann dennoch an.

Der Erfolg im Viertelfinale über den French-Open-Sieger Gustavo Kuerten war für Federer ausschlaggebend, das Turnier zu gewinnen: Wenn man Kuerten einen Satz zu null abnimmt, bekommt man die nötige Portion Selbstvertrauen. Im Finale wartete Marat Safin. Als neuer Nummer eins im Champions Race kam ihm natürlich die Favoritenrolle zu. Aber wie so oft lief es für den heißblütigen Russen anders als erwartet. Der zweite Satz des Endspiels hatte gerade begonnen, als der Russe einen seiner vielen leichten Fehler produzierte. Der 22-Jährige ließ seiner Wut freien Lauf, warf den Schläger zu Boden, und der Rahmen des Rackets brach auseinander. Der Anfang vom Ende für Safin. Federer nutzte die Unzufriedenheit seines Gegners, gewann mit 6:1, 6:3 und 6:4. Das phasenweise begeisternde und nahezu perfekte Tennis wusste sich der Schweizer selbst nicht zu erklären: Er habe das beste Spiel meiner Karriere gespielt und gar nicht gewusst, wie gut er auf Sand spielen könne.

Bei den French Open hatte er es scheinbar wieder vergessen. Noch müde vom Sieg in Hamburg unterlag er dem marokkanischen Spaßvogel Hicham Arazi. Vor dem Spiel hatte Federer noch verkündet, er hoffe im Match nicht allzu viel Energie zu verbrauchen. Das Turnier könne schließlich sehr lang für ihn werden, wird er geglaubt haben. Der Energieverbrauch hielt sich dann wirklich in Grenzen, wenn auch anders als erwartet.

Apropos Müdigkeit: In dieser Zeit machten Dopinggerüchte die Runde. Insbesondere die spanischen und südamerikanischen Sandplatzwühler standen unter dem Verdacht, in Sachen Kondition ein wenig nachzuhelfen. Es gibt Leute, die spielen und spielen und spielen und werden nie müde, merkte auch Federer vielsagend an. Er sei überzeugt, dass man die Nummer eins im Tennis werden könne, ohne zu dopen. In anderen Sportarten sei das vielleicht anders.

Federers Selbstvertrauen litt kaum unter der Pariser Pleite. In Wimbledon können fünf bis zehn Spieler gewinnen. Dazu gehöre auch er, ließ Federer öffentlich verlauten. Die britischen Buchmacher setzten den Schweizer an die fünfte Stelle – hinter Hewitt, Safin, Agassi und Lokalmatador Tim Henman.

In der ersten Runde wartete der 18-jährige Qualifikant Mario Ancic aus Kroatien. Okay, die Niederlage gegen Arazi bei den French Open war keine richtige Sensation gewesen. Dass Federer vom Kroaten ohne eigenen Satzgewinn nach Hause geschickt wurde, dann aber doch. Der Aufsteiger aus der Schweiz war im Vergleich zum Vorjahr nicht wiederzuerkennen. Ein einziges As gelang ihm im gesamten Match. 3:6, 6:7, 3:6 hieß es am Ende.

Zwei Wochen später bei den Swiss Open in Gstaad folgte die nächste Klatsche gegen den Tschechen Radek Stepanek. Federer war in einer unbegreiflichen Krise. Er sei auf dem Platz nicht mehr er selbst, analysierte Coach Lundgren. Von der Technik her sei Federers Spiel völlig in Ordnung. Aber im Kopf stimme es bei ihm nicht. Er fühle den Druck.

Bis zu den US Open konnte Federer bei vier Turnieren nur ein Match gewinnen. In New York schied Federer erneut im Achtelfinale aus. Dennoch gelang ihm die Qualifikation für den Tennis Masters Cup, da er in der Hallensaison bei fünf Turnieren immer mindestens das Viertelfinale erreichte und seinen vierten Turniersieg in Wien errang. Er beendete die Saison auf Platz sechs der Weltrangliste. Von einer verkorksten Saison konnte also keine Rede sein. Aber der wirkliche Durchbruch ließ noch auf sich warten. Bislang hatte er keinen Grand-Slam-Titel gewinnen können, bei keinem der vier großen Turniere war er je über das Viertelfinale hinausgekommen – manche sprachen bereits von einer Blockade.

Das Jahr 2003 sollte Roger Federer endlich den eigentlichen Durchbruch als Spitzenspieler bescheren. Als Ziel für die Saison 2003 setzte sein Trainer Lundgren den Sprung unter die ersten vier Spieler der Weltrangliste an.

Bei der ersten Feuerprobe im neuen Jahr, den Australian Open, standen die Chancen gar nicht schlecht. Der mörderische Stress der langen Tennis-Saison 2002 hatte zum verletzungsbedingten Ausfall von Größen wie Pete Sampras, Tommy Haas, Tim Henman, Greg Rusedski, Paul-Henri Mathieu oder Vorjahres-Champion Thomas Johansson geführt. Aber auch Federer, der sich in zwei Spielzeiten in die Weltspitze vorgekämpft hatte, musste für seinen Aufstieg sowohl 2002 wie auch jetzt mit körperlichen Verschleißerscheinungen bezahlen. Auf Dauer kann man so ein Programm nicht durchhalten. Er zog daraus seine Lehren und plante seine Saison in Zukunft sorgfältiger.

Erschöpft verlor er im Achtelfinale der Australian Open gegen David Nalbandian. Es blieb nicht die einzige Niederlage gegen den Argentinier.

Trotz der erneuten Grand-Slam-Pleite zeigte Roger Federer in dieser Saison endlich die lange vermisste Konstanz. Turniersiege in Marseille, Dubai, München (auf Sand!) und Halle sicherten ihm den dauerhaften Sprung unter die Top Ten. Er hatte sich etabliert.

Ein Beleg für Federers Klasse war der Fakt, dass er häufig nicht überzeugte – und trotzdem jedes Match gewann. Nach sechs Monaten standen für ihn schon über fünfzig Siege – eine sagenhafte Bilanz. Sein Biograf René Stauffer beschreibt Federer als ein Puzzle, das viel Zeit gebraucht habe, bis es fertig war. Dafür sei jetzt alles umso schöner. Viele, auch ein früherer Star wie John McEnroe, sahen damals in seiner Spielweise eine Kombination der Qualitäten exakt jener Cracks, die Roger als kleiner Bub vor dem Fernseher bewundert hatte: der wirkungsvolle Aufschlag von Boris Becker, die elegante Rückhand von Stefan Edberg und die tödlichen Volleys und Smashes von Pete Sampras.

Nach einer erneuten Erstrunden-Niederlage gegen Luis Horna bei den French Open sah sich der Schweizer allerdings dem Spott der Presse ausgesetzt. Die Ursache von Federers Erfolglosigkeit bei großen Turnieren wurde auf eine mentale Schwäche zurückgeführt. In Wirklichkeit war sein Spiel auf Sand noch nicht ausgereift genug, seine Psyche wurde hingegen immer stärker.

Federers Talent war immer unbestritten, doch jetzt kam die Abgeklärtheit hinzu. Das bedeutete für seine Karriere einen Riesensprung. Selbst im Finale blieb er nun ruhig. Seine mentale Stärke, seine Fähigkeit mit Druck umgehen zu können und unter Stress gar zu Hochform aufzulaufen, wurde ein Grundstein für seinen Erfolg. Beleg dafür sind seine starke Tie-Break-Bilanz (hinter Novak Djokovic liegt Federer mit rund 65% gewonnener Tie-Breaks auf Platz 2 der Statistik der Spieler mit mehr als 100 absolvierten Tie-Breaks) und die Prozentzahl an abgewehrten Breakchancen (hier lag Federer in der Saison 2006 mit 70% auf Platz 1 aller ATP-Spieler).

Um psychisch stark zu sein, brauchte Roger Federer eine Gruppe von Vertrauten um sich herum, auf die er sich voll verlassen konnte. Vor dem Wimbledon-Turnier 2003 versammelte er deshalb eine kleine Gruppe von Unterstützern, neben Trainer Lundgren seine Freundin Mirka sowie Physiotherapeut Pavel Kovac. Mit ihnen kapselte sich der 21-Jährige in einem Appartement im Stadtteil Wimbledon ab, ganz im Gegensatz zu früheren Jahren, in denen Federer oft noch Freunde aus der Schweiz zu Besuchen eingeladen hatte.

Wimbledon 2003 sollte ihm endlich den Durchbruch bei einem Grand-Slam-Turnier bringen. Anfangs lief alles glatt – bis zu jenem scheinbar verhängnisvollen Moment vor der Achtelfinalpartie gegen den Spanier Feliciano Lopez, als ihm ein „blitzartiger Schmerz" in den Rücken fuhr und er sich kaum noch bewegen konnte: Er wollte eigentlich aufgeben, doch der Masseur hatte ihn wieder zurechtgebastelt. Ab diesem Moment spielte er in einer eigenen Dimension. Federer konnte es nach dem Match immer noch nicht so ganz glauben. So nahe liegen Tragik und Triumph im Tennis beieinander.

Im Halbfinale kreuzte Federer mit Andy Roddick die Klingen – ein Duell, das in den kommenden Jahren manche Neuauflage erfuhr. Was immer Roddick sich einfallen ließ, Federer wusste eine Antwort darauf oder machte es noch besser. Von Roddick war erwartet worden, dass er dem Schweizer vor allem mit seinem Aufschlag zur Verzweiflung treiben würde. Aber selbst in dieser Hinsicht machte ihm Federer etwas vor (17:4 Asse). Sobald die Ballwechsel länger wurden, diktierte der Schweizer den Rhythmus. Er schlug von der Grundlinie aus die Bälle mit erstaunlichen Winkeln, was Roddick zu viel Laufarbeit zwang. Weil der Amerikaner nun die Filzkugeln häufig aus der Bedrängnis schlagen musste, vermochte er sie nicht mehr in der idealen Länge und präzise zu platzieren, was ein starker Gegner wie Federer schamlos ausnützt. Nach nur 103 Minuten war die Sache gelaufen.

Am Sonntag stand Federer der Mann gegenüber, der bisher in sechs Partien 164 Asse geschlagen hatte: Mark Philippoussis, auch Flip genannt. Federer spielte gegen den chancenlosen Australier wie schon im Halbfinale gegen Andy Roddick nahezu perfekt und zeigte der Welt eine Demonstration seines außergewöhnlichen Talents. Er schlug mit großer Präzision auf und erlaubte seinem Gegner während des gesamten Matches nicht einen Breakpunkt. Dagegen returnierte er den gefürchteten Aufschlag seines 26 Jahre alten Gegners fast ohne Mühe.

Während der Partie habe er immer wieder an die *Alinghi* denken müssen, erzählte Federer später, an dieses stolze schweizerische Segelschiff, das damals überraschend den Americas Cup gewonnen hatte. Er erinnerte sich an den Moment, in dem die Schweizer nach Wettfahrten 3:0 vorne lagen und davon segelten. Nach dem zweiten Satz dachte er: Jetzt segle doch einfach davon.

Als Federer endlich den Matchball verwandelt hatte, ging er in die Knie. Er begann zu weinen, setzte sich auf seinen Stuhl, das Gesicht in den Händen verborgen. Jetzt war er der erste Schweizer Mann, der einen Grand-Slam-Titel erringen konnte. Nachdem er bereits 1998 als Junior in Wimbledon triumphiert hatte, war er nun neben Björn Borg, Pat Cash und Stefan Edberg der einzige Spieler, der anschließend auch den Herrentitel an der Church Road gewinnen konnte.

Zwei Tage nach einem offenen Brief an den Weltverband, in dem sich die Stars der Vergangenheit über die Eindimensionalität des modernen Tennis beklagt hatten, mussten die selbst ernannten Experten auf dem Absatz kehrtmachen: Mit Federer sei das Tennis zu seinen guten Zeiten zurückgekehrt, befand Oberlästerer John McEnroe. „Das sind die Momente, in denen sich das ganze Leben ändert", erkannte Boris Becker in der Stunde des Siegers ganz richtig. „Eine neue Ära hat heute begonnen", erklärte der dreimalige Wimbledonsieger. Der Anführer der „Jungen Wilden" bedankte sich artig: „Es ist eine Ehre, wenn ein Boris Becker so was sagt."

Die Schweizer Presse schwelgte in Lobeshymnen über das neue Tennis-Idol. „Ein Genie verändert die Tenniswelt", schrieb die *Basler Zeitung*. Swatch-Gründer Nicolas Hayek schlug derweil vor, dem neuen Nationalhelden „gleich ein Denkmal zu setzen".

Mit seinem Triumph übernahm Roger Federer Platz eins im Champions Race der ATP. Das bedeutete aber nicht, dass jetzt alles automatisch lief. In Cincinnati und bei den US Open war er wieder David Nalbandian unterlegen – wie schon bei den Australian Open. Federer schien dem Argentinier besonders gut zu liegen. Auch wenn der Schweizer in neue Dimensionen vorstieß, blieb die Bilanz zwischen den beiden noch lange ausgeglichen. Nalbandian wurde damit so etwas wie ein Angstgegner – bis Rafael Nadal diese Rolle übernahm. Nalbandian hatte aber nur zwei bis drei sehr gute Jahre. Ihm fehlte die nötige Persönlichkeit, um ein ganz großer zu werden.

Auch im Davis-Cup-Halbfinale erlebte Roger Federer eine bittere Enttäuschung. Gegen Australien führte der Schweizer in der vorentscheidenden Partie gegen Lleyton Hewitt nach einer 2:0-Satzführung im dritten Satz schon 5:3 – und verlor das Match doch noch. Damit verpasste die Schweiz den zweiten Finaleinzug im Davis Cup nach 1992.

Trotz seines sechsten Saisonsieges während der Hallensaison (in Wien) war die Weltranglistenspitze für Federer in dieser Saison nicht mehr erreichbar. Doch beim Masters Cup in Houston konnte Federer seine Saison mit einem Erfolg abschließen. Der Schweizer gewann wie im Vorjahr seine drei Gruppenspiele und schlug den bereits als Weltranglistenersten feststehenden Roddick im Halbfinale. Im

Endspiel besiegte er Andre Agassi in drei Sätzen und gewann seinen ersten Weltmeistertitel.

Von Andre Agassi stammt das Zitat: Ein guter Trainer kann dich an einen Ort führen, wo du ihn nicht mehr brauchst. Federer sah das ähnlich und trennte sich – auch für Brancheninsider völlig überraschend – zum Ende der Saison und nach dem WM-Triumph von seinem langjährigen Weggefährten Lundgren. In der Öffentlichkeit wurde Federer für die Trennung von seinem Erfolgstrainer teilweise scharf kritisiert.

Lundgren selber sah die Sache später realistischer. Es klinge vielleicht paradox, aber er hätte es an Stelle Federers vermutlich genauso gemacht. Federer habe das Gefühl gehabt, dass sein Coach ihm nichts mehr geben könne – also ist es besser, sich zu trennen. Es war eine sehr professionelle Entscheidung. Und sie hat Federer geholfen, weil er noch mehr als zuvor über sich selbst und seine Strategien nachdenken musste. Diese Selbst- und Eigenständigkeit unterscheidet ihn auch von fast allen anderen Profis. Zwar war die Trennung eine Entscheidung gegen jemanden, der ein guter Freund geworden war. Aber es war eine professionell richtige Entscheidung.

Die Saison 2003 war die bisher beste für Roger Federer. Die vielseitigen Fähigkeiten des Schweizers riefen Bewunderung hervor. Boris Becker meinte: „Eines der größten Talente, die das Welttennis hervorgebracht hat." Die englische *Times:* „Der Mann mit dem magischen Händchen." Der französische Berufskollege Fabrice Santoro: „Ein begnadeter Virtuose."

Obwohl es sportlich für Roger Federer perfekt lief, gab es für ihn ausgerechnet in der Heimat Ärger. In der Schweiz gibt es eine Wehrpflicht. Offizielle Stellen erklärten Federer jedoch für militärdienstuntauglich. Wozu braucht die neutrale Schweiz eine Armee wird man sich fragen, aber tatsächlich hat die Armee im Land einen exzellenten Ruf, viel mehr als etwa die Bundeswehr in Deutschland. Dies hat geschichtliche Gründe, denn schließlich war die Schweiz oft von Feinden umgeben. Und so hagelte es bei Bekanntwerden der Entscheidung Proteste aus konservativen Schweizer Militärkreisen, wo man offensichtlich nicht bemerkt hatte, wie viel Federer für sein Land und dessen Ansehen in der Welt bewirkte. In der Schweiz ist und bleibt er Rodschi, der Tennisspieler. Wenn es um die Größe und die weltweite Ausstrahlung Federers geht, sind viele Schweizer immer noch etwas begriffsstutzig.

Verteidigungsminister Samuel Schmid wollte Federer zumindest noch in den Zivilschutz schicken: „Er wird Dienst im Zivilschutz leisten“, kündigte er an. Der Zivilschutz ist eine Organisation, die im Katastrophenfall tätig wird und sich dann vor allem um Schutzbedürftige kümmert. Doch kluge Schweizer wollten ihrem berühmtesten Aushängeschild diesen zeitlichen Aufwand nicht zumuten.

So sagte schließlich der Leiter des Zivilschutzes im Kanton Basel-Land, in dem Federer bis Mai 2008 wohnte: „Roger Federers Terminplan ist so voll, dass es unmöglich war, ihn aufzubieten. Wir haben mit ihm vereinbart, dass wir später auf ihn zurückkommen, wenn sich seine Situation geändert hat.“ Grundsätzlich gilt die Zivilschutz-Dienstpflicht bis zum 40. Altersjahr, so lange dürfte die Karriere ja nicht dauern, so die Annahme der Behörden. Dann zog Federer im Frühjahr 2008 in den Kanton Schwyz. Da war Federer bereits 26-jährig. Da sich eine Ausbildung in diesem Alter nicht mehr lohne, so das Argument der dortigen Behörden, verzichtete man aus Kostengründen ganz darauf. Man betonte aber, Federer zahle ganz normal seine Wehrpflicht-Ersatzsteuer. Es sollen 450.000 Franken pro Jahr sein.

Wie haben sich Roger Federers Erfolge auf seine Mitschweizer ausgewirkt? Natürlich sind die Schweizer stolz, aber sie zeigen es nicht so. Als Boris Becker und Steffi Graf Mitte der achtziger Jahre die Szene stürmten, konnten die Deutschen ihre verstaubten Tennisschläger nicht schnell genug aus dem Schrank holen und traten ihren lokalen Tennisklubs gleich massenweise bei. In der Schweiz dauerte es etwas, bis es so etwas wie einen 'Federer-Effekt' gab. Seit April 2007 ziert Federer als erste lebende Person eine Schweizer Briefmarke. Doch ansonsten sucht man fast vergeblich nach öffentlicher Anerkennung. Zum Schweizer Sportler des Jahres ist er mehrfach gewählt worden, aber es gab ja auch sonst kaum jemand, für den man hätte stimmen können.

Zumindest war und ist Federer um ein Vielfaches beliebter als Martina Hingis, die bei der Wahl zum Sportler des Jahres oft gar nicht unter die ersten Fünf kam. Federer selber glaubt, dass er so gut rüberkommt, weil er offen und ehrlich sei, keinen Quatsch erzähle. Hingis hingegen hat ihre Liebschaften – mit Profikollegen, dem spanischen Profigolfer Sergio Garcia und einem US-Staatsanwalt – öffentlich vorgeführt. Und in der Schweiz geboren ist sie auch nicht.

Im Februar 2004 wurde Roger Federer die Nummer Eins der Weltrangliste. Das war nur möglich durch den Gewinn des zweiten Grand-Slam-Titels.

Die Reise nach Australien im Januar 2004 absolvierte Federer ohne Coach. Und trotzdem spielte er in Melbourne ähnlich wie auf dem Rasen von Wimbledon und im November bei der Weltmeisterschaft in Houston in einer eigenen Tennis-Liga – auch schwere Herausforderungen wie gegen Lokalmatador Lleyton Hewitt und seinen argentinischen Angstgegner David Nalbandian ließ Federer locker, lässig und leicht aussehen. Nalbandian hatte den Schweizer zuvor einige Male gedemütigt und ihn zuvor in fünf von sechs Spielen geschlagen.

Dass sich hinter der Pokermine des Ausnahmetalents aber gelegentlich auch noch Nervosität verstecken kann, gab Federer nach dem Halbfinale offen zu: Er wollte unbedingt diesen Nummer eins-Platz. Deshalb hatte ihm zum Schluss des Spiels schon ein paar Mal die Hand gezittert. Mit dem 6:4-6:1-6:4-Halbfinalsieg gegen einen angeschlagenen Juan Carlos Ferrero sicherte sich Federer die Weltranglistenspitze und löste Andy Roddick ab. Federer war damit die 23. Nummer 1 im ATP-Ranking seit dessen Einführung 1973.

Federers Finalgegner Marat Safin, der im letzten Jahr wegen einer Handgelenk-Verletzung bis auf Position 86 zurückgefallen war, schien nach dem langen Turnier völlig ausgepumpt. Safins Aufschlaggewitter von 33 Assen im Halbfinale gegen Andre Agassi folgten diesmal nur drei. Je länger die Begegnung dauerte, desto mehr beherrschte der Schweizer das Geschehen auf dem Court in der Rod-Laver-Arena. Während Federer sein Niveau halten konnte und sich in den entscheidenden Momenten, bei den so genannten Big Points, zu steigern wusste, schien Safin nach dem 6:7 im ersten Satz nicht mehr an seine Chance zu glauben. Nach einem Doppelfehler im zweiten Satz fiel der 24-Jährige in alte (Un-)Zeiten zurück und zertrümmerte seinen Schläger. Während der unglückliche Russe aus lauter Verärgerung noch zwei Schläger zertrümmerte, vollendete Federer mitleidslos seinen Angriff auf den zweiten Grand-Slam-Titel. Er gewann klar mit 7:6 (7:3), 6:4, 6:2 gegen den am Ende völlig entnervten Safin.

Der Geschlagene verbeugte sich tief vor seinem Bezwinger: Federer, so lobte Safin, sei im Moment der „kompletteste Spieler auf der Tour – besser noch als früher der überragende Sampras". Diese beiden Wochen seien wie ein einziger Traum gewesen, schwärmte Federer, der in sieben Matches nur zwei Sätze abgegeben hatte.

Auch die Experten mussten ihr Gerede von der mentalen Schwäche Federers bei großen Turnieren endgültig beerdigen. Mats Wilander, Schwedens ehemalige Nummer eins, jubelte: „Der Junge ist praktisch unbezwingbar. Er ist inzwischen im Kopf so stark wie bei seinen Schlägen."

Federer war offenbar gerne die Frontfigur. Wenn man die Rangliste anführt, wird es dir nie langweilig, meinte er. Schließlich hast du die ganze Welt an den Fersen. Jeder ist hinter dir her, jeder will dich schlagen. Dann wurde seine Erfolgsserie abrupt beendet. Nach zwölf Siegen in Folge verlor der Schweizer in der dritten Runde der Players Championships auf Key Biscayne gegen die Nummer 34 der Weltrangliste.

Federers Bezwinger war der Spanier Rafael Nadal. Gegen den entfesselt aufspielenden Nadal war Federer beim 3:6, 3:6 schlicht chancenlos. Die historische Bedeutung dieses Sieges wird damals kaum jemand begriffen haben. Kaum hatte der Schweizer den Gipfel des Tennis erklommen, machte sich ein Jüngerer daran, ihm die Krone wieder streitig zu machen. Es begann eine Zeit spannender Duelle, wie sie das Profitennis nach dem Ende der Karrieren von Becker, Sampras usw. so dringend benötigte.

Rafael Nadal spielt immer so, als wäre es das letzte Mal. Mit seinem mächtigen Bizeps ist er geradezu ein prototypischer Spieler des modernen Power-Tennis. Wenn seine langen schwarzen Haare unter dem Stirnband wehen und er mit entschlossenem Blick seinen Gegner fixiert, ist ihm der spanische Stolz anzusehen.

Nadal ist deswegen ein so unangenehmer Gegner, weil er schneller ist als die anderen, weil er all die Bälle erreicht, die sie nicht erreichen. Darüber hinaus besitzt Nadal die Fähigkeit, das Spiel seiner Gegner sehr genau lesen zu können. Das wurde auch für Federer, selber ein intelligenter Spieler, zum Problem. Nadal riecht geradezu, wie Federer seinen Aufschlag spielen wird. Außerdem kommt Federer mit den rasanten Vorhandschlägen des spanischen Linkshänders nicht klar. Vor allem dann nicht, wenn sie auf seine Rückhandseite treffen. Nadal spielt einen enormen Topspin, der die Bälle auf der gegnerischen Seite hoch abspringen lässt. Das erschwert es Federer, das Spiel wie sonst üblich zu diktieren und Druck auf seinen Gegner auszuüben. Stattdessen übernimmt Nadal häufig die Kontrolle über die Ballwechsel. Paul McNamee, ehemaliger Turnierdirektor der Australian Open, verglich den Spanier gar mit Boris Becker in seinen ersten Jahren als Profi.

Beide Athleten sind trotz ihrer Erfolge bescheiden geblieben und werden außerhalb des Platzes immer wieder für ihre guten Manieren und Geduld gelobt. Gegenseitig bringen sie sich großen Respekt entgegen. Während Nadal seinen Kontrahenten als besten Spieler der Welt bezeichnete, zeigte sich Federer von der Unbekümmertheit des Spaniers beeindruckt: Nadal sei ein Spieler, der dem Tennis neue Impulse bringe, der eine angenehme Ausstrahlung habe.

Natürlich wurde Rafael Nadal, der „Tennisbarbar" aus Manacor auf Mallorca in den weißen Capri-Hosen, als Kontrast zum „Tennis-Mozart" Federer wahrgenommen, auch wenn dies natürlich vor allem ein Klischee ist. Aber davon lebt die Show.

Rafael Nadal musste dem neuen Weltranglistenersten vor allem dort gefährlich werden, wo Federer noch die größten Reserven hatte – auf Sand. Nicht nur bei den French Open, an denen sich Federer lange die Zähne ausbiss – aber dort sollte er in den nächsten Jahren die bittersten Niederlagen erleiden.

In der dritten Runde der French Open 2004 wartete jedoch kein Aufsteiger, sondern ein alter Bekannter: Gustavo Kuerten, Spitzname Guga. Den Brasilianer verbanden ganz besondere Emotionen mit Paris, wo er bisher dreimal hatte gewinnen können. Dann ließen Verletzungen Tennis für ihn zu einer Qual werden. Doch an diesem Tag war Kuerten, der Liebling des Pariser Publikums, von der ersten Minute bis zur letzten Minute der Herr des Geschehens, der Mann, der den Takt und das Tempo des Matches druckvoll bestimmte. Selbst in den kritischsten Momenten der Partie hielt Kuerten scheinbar mühelos dem Druck stand und schaffte es in allen drei Durchgängen, ein frühes Break bis zum späteren Satzgewinn souverän zu verteidigen.

Federer war einfach noch nicht so weit, auf Sand zumindest ansatzweise so zu dominieren wie auf dem Hartplatz oder auf Rasen. Die French Open würden für ihn die größte Herausforderung im Tennis bleiben, meinte Federer nach dem Turnier. Er sei froh, wenn er wieder den grünen Rasen sehen könne.

In Halle – wo das Turnier auf Rasen mittlerweile zu einem der Lieblingsevents des Schweizers geworden war – fegte er Mardy Fish im Finale mit 6:0, 6:3 vom Platz. Zweifellos war Federer in Wimbledon der Topfavorit. Hier wurde das Viertelfinale gegen Lleyton Hewitt – Wimbledonsieger von 2002 und für achtzig Wochen Weltranglistenerster – zur Nagelprobe. Erinnerungen wurden vielleicht wach an das denkwürdige Daviscup-Match zwischen beiden im Jahr zuvor. Damals hatte Hewitt dem Schweizer den schon sicher geglaubten Sieg noch weggeschnappt.

Allerdings hatte Federer auf Rasen schon 21 Matches in Folge gewonnen und in Wimbledon seine 89 letzten Aufschlagspiele durchgebracht. Hewitt kämpfte verzweifelt, aber am Ende zog er den Kürzeren: 6:1, 6:7 (1-7), 6:0, 6:4 hieß es am Ende für Federer. Wenig später erhielt das Wimbledon-Team der BBC eine E-Mail der kleinen Victoria aus Sussex, die sich aufmerksam den überragenden Viertelfinalauftritt von Federer gegen Hewitt angeschaut hatte. „Ich weiß, wie sich Rogers Gegner fühlen“, schrieb das neunjährige Mädchen zum großen Amüsement der Fernsehmacher, „es ist, als ob man stundenlang beim Zahnarzt auf dem Stuhl sitzt und das Bohren über sich ergehen lassen muss.“ Der nächste Patient Federers war Sebastian Grosjean, und auch er wurde vom Fed-Express überrollt.

Zum ersten Mal seit 1982 standen sich in einem Wimbledon-Finale wieder die beiden topgesetzten Spieler gegenüber: Federer und Andy Roddick. Nervöser als sonst sei er gewesen und schon „mit kalten Händen“ auf den Platz gekommen, so der Schweizer. Zwar versuchte er, kühl und ruhig zu wirken, sein hochmotivierter Kontrahent aber spürte, dass gegen den nun schon seit 24 Spielen auf Rasen unbesiegten Eidgenossen an diesem Tag mehr als eine Statisten-Rolle für ihn übrig war. Roddick hatte in seinem ersten Wimbledon-Finale den besseren Start, mit kraftvollem Angriffsspiel ließ der 21-Jährige seinen Gegner nur selten zur Entfaltung kommen. Von Federers Raffinesse war zu diesem Zeitpunkt nur wenig zu sehen. Roddicks Coach Brad Gilbert hatte seinen Schützling glänzend eingestellt. „Roger hat mehr Ballgefühl, spielt wie ein Künstler“, erklärte Roddick seine Taktik, „ich kann dagegen wie ein Wahnsinniger auf den Ball hauen.“ Drei Asse feuerte er gleich in seinem ersten Aufschlagspiel in das gegnerische Feld und schaffte anschließend sofort ein Break zum 2:1. Es war erst Federers zweiter Aufschlagverlust im gesamten Turnier. Der Schweizer wirkte verhalten, fand nicht in sein Spiel, auch die 25-minütige Regenpause beim Stand von 3:2 half ihm nicht, Roddick brachte den Satz sicher zu Ende. Doch als er zu Beginn des zweiten Satzes einen Breakball nicht nutzen konnte, änderte sich das Bild. Federer ging 4:0 in Führung. Dennoch musste der Titelverteidiger wieder zittern, als er zweimal in Folge seinen Aufschlag abgab. Ihm unterliefen ungewöhnlich viele unerzwungene Fehler, aber sein amerikanischer Gegner spielte auch unglaublich aggressiv. Dennoch gewann Federer den zweiten Satz, als er mit seinem bis dahin besten Schlag des Matches, einem Vorhandpassierball die Linie entlang, das Break zum 7:5 schaffte. Im dritten Satz rettete Federer bei 2:4 eine erneute Regenpause. Als es nach 41 Minuten weiterging, schaffte er das Rebreak zum 4:4 und hatte im Tiebreak die besseren Nerven. Als Roddick schließlich im vierten Satz bei 2:1 und 3:2 insgesamt sechs Breakchancen vergab, war die Partie praktisch entschieden. Federer nahm seinem Gegner anschließend das Aufschlagspiel zur 4:3-Führung ab und ließ sich nicht mehr von der Siegesstraße abbringen. Mit seinem zwölften Ass beendete Federer nach zweieinhalb Stunden das Match und sank auf die Knie. Die Tränen kullerten ihm übers Gesicht.

Federer hatte nicht geahnt, wie schwer es sein würde, seinen Wimbledon-Titel zu verteidigen. Und so entluden sich jetzt die Emotionen bei dem Schweizer dann auch heftiger als noch im Jahr zuvor. So groß war der gefühlte Druck gewesen, wobei der Druck nicht nur aus der Öffentlichkeit kam, sondern vor allem von ihm selbst. Einfach machte er sich das Leben damit aber nicht, und viele Erfolge blieben ihm in den folgenden Jahren verwehrt, weil seine Nerven in großen Finals sein Talent in den Schatten stellten.

Auch nach Wimbledon blieb Federer in der Erfolgsspur. In Rekordzeit qualifizierte er sich für den Masters Cup in Houston. Der 22-Jährige hatte schon acht Turniere im laufenden Kalenderjahr gewonnen, neben den beiden Grand-Slam-Turnieren auch die Masters-Series-Turniere in Indian Wells, Hamburg und Toronto. Nie zuvor seit Bestehen der ATP hatte sich ein Spieler so schnell für den Jahresabschluss auf der Tennis-Tour qualifiziert. Er war also bestens gerüstet für die Olympischen Spiele in Athen.

Federer durfte bei der Eröffnungsfeier der Olympischen Spiele in Athen die Schweizer Fahne ins Stadion tragen. Eine große Ehre, die aber den Druck auf seinen Schultern nur noch vergrößerte. Das anschließende Turnier wurde dann auch eine der größten Enttäuschungen seiner Karriere.

Federers Ambitionen scheiterten an einem 18-jährigen Teenager, den er tags zuvor noch als Talent beschrieben hatte, von dem er nicht allzu viel wisse: Tomas Berdych aus Tschechien, 74. der Weltrangliste. In jenem Jahr hatte er vor Olympia gerade einmal vier Matches gewonnen.

Federer wirkte von Anfang an etwas angespannt und nervös, wie schon im ersten Match gegen den Russen Dawidenko, gegen den er drei Sätze gebraucht hatte. Zwar gab es gegen Berdych zu Beginn keinen gewichtigen Anlass zu Sorgen. Diese kamen im zweiten Satz dafür umso stärker auf, verlor der Basler doch nach einem Re-Break zum 4:5 und schließlich beim Stand von 5:6 komplett den Faden. Drei Doppel- und ein Volleyfehler in einem einzigen Game brachten den Schweizer um den Anschluss und verhalfen Berdych zum Satzgewinn.

In der Folge war Federer zusehends blockiert. Meist agierte er aus der Defensive, bewegte sich weit schlechter als gewöhnlich und schlug die Bälle viel zu kurz. Beim Stande von 5:5 im dritten Satz erarbeitete sich die Schweizer Goldhoffnung zwar die Möglichkeit zur Wende und zur Aussicht auf einen versöhnenden Matchgewinn. Von total vier Breakchancen nutzte der 23-Jährige letztlich aber keine, womit das Match nicht zuletzt mental eigentlich schon verloren war. Und danach ging alles sehr schnell: Zwei Matchbälle erspielte sich der kämpferische Tscheche, wovon der zweite schließlich stach.

Federer war zu diesem Zeitpunkt noch ein beherzter Davis-Cup-Spieler, der sein Land so stolz und gerne international repräsentierte. Aber hier in Athen zeigte er sich dem

Druck nicht gewachsen. Da war nicht nur die Favoritenrolle als Nummer Eins der Weltrangliste, sondern auch die Rolle als Schweizer Hoffnungsträger sowie nicht zuletzt der enorme Stellenwert, den das olympische Turnier für Federer besaß. Dem war er nicht gewachsen.

Vermochte Roger Federer den Frust von Athen wegzustecken? Immerhin war Olympia neben der Nummer 1 und der Titelverteidigung in Wimbledon das Saisonziel für ihn gewesen.

Blieb der Grand-Slam. Seit dem Schweden Mats Wilander 1988 hatte keiner mehr drei Grand-Slam-Turniere im gleichen Kalenderjahr gewinnen können. Federer, Sieger bei den Australian Open und in Wimbledon, hätte diese Leistung nun wiederholen können. Allerdings hatten sich die US Open in New York bislang nicht als Federers Lieblingsturnier erwiesen. Dreimal in Folge hatte er die Achtelfinals erreicht, aber noch nie die Runde der letzten acht.

Sein stärkster Gegner schien Titelhalter Andy Roddick zu sein. Im Gegensatz zu Federer fand der 22-jährige Amerikaner auf den Hartplätzen im Sommer stets seine Topform. Die hatte auch Lleyton Hewitt wieder gefunden. Der Australier hatte auf Olympia verzichtet und sich dadurch wie Andre Agassi Vorteile für die US Open ausgerechnet.

Zuerst überwand Federer den „Achtelfinal-Fluch". Im Viertelfinale kämpfte er dann Andre Agassi in fünf Sätzen nieder, während Beiden der Hurrikan „Frances" um die Ohren pfiff. Im Halbfinale dann ein glatter Dreisatzsieg gegen Tim Henman.

Das Finale wurde zu einem unglaublichen Triumph. Hewitt, der vorher im ganzen Turnier keinen einzigen Satz hatte abgeben müssen, spielte nicht mal schlecht, doch plötzlich stand es 0:6. Hewitt hatte in den 18 Minuten ganze fünf Punkte gemacht. Nur im zweiten Satz fand der Australier ins Match und erzwang immerhin einen Tiebreak, nachdem er bei 4:5 drei Satzbälle abgewehrt hatte. Doch im „Jeu decisif" legte Federer noch einen Gang zu und war ungefährdet.

Danach war die Spannung erst Recht raus. Im dritten Satz erging es dem Australier wie im ersten. Am Ende stand es 6:0, 7:6, 6:0. Die amerikanischen TV-Moderatoren verglichen Federer mit Michael Jordan, für New Yorks Tageszeitungen war er schlicht und ergreifend „Der Außerirdische". Es war der dritte Grand-Slam-Erfolg für Federer in jenem Jahr.

Die anschließende Hallensaison musste der Schweizer wegen eines Muskelfaserrisses fast komplett absagen. Rechtzeitig zum Masters Cup war er allerdings wieder fit. Dort erreichte er ungeschlagen das Endspiel und traf erneut auf Hewitt. Den ehemaligen Weltranglistenersten bezwang er zum sechsten Mal in dieser Saison und baute damit seine Position an der Weltspitze weiter aus.

Die WM 2004 war insofern ein toller Abschluss: Er war vorher angeschlagen gewesen, verletzt. Und trotzdem legte er dann fünf Siege in fünf Spielen gegen die Besten der Besten hin. Solche Erfahrungen fürs eigene Ego sind durch nichts zu ersetzen.

Roger Federer war nun die unumschränkte Nummer eins des Welttennis. „Europas Sportler des Jahres" wurde er, und die Profikollegen vergaben an ihm den Award für Fairness und Sportsmanship. Die Tennisfans wählten Federer zum Fan-Favoriten.

Dem 23-jährigen Basler gelang im Jahr 2004 die beste Saison, die je ein Profi in der Tennisgeschichte gespielt hatte. Ein Jahr wie aus einem schönen Traum. Oder ein verrücktes Superjahr, wie Federer selber sagte. Und doch lief er nie Gefahr, abzuheben. Bei aller Schwärmerei von außen zwang er sich, normal und nett zu bleiben, ein freundliches Wort und ein Autogramm für die Fans zu haben. Er geht nun mal grundsätzlich gerne auf Menschen zu, das ist für ihn keine lästige Pflicht.

Mit dem grandiosen Jahr 2004 schien auch die trainerlose Zeit zu Ende zu gehen. Stillstand ist Rückschritt. Der 59-jährige Australier Tony Roche, der schon Weltklassespieler wie Ivan Lendl oder Patrick Rafter unter seinen Fittichen hatte, sollte Federer eigentlich nur auf die nächsten Australian Open vorbereiten. Doch daraus wurde mehr, auch wenn Roche eine längerfristige Zusammenarbeit anfangs kategorisch ausgeschlossen hatte. Aber offensichtlich war Federer für ihn einfach zu faszinierend.

Unheimlich relaxt auf dem Platz, sich seines Könnens auf eine sehr natürliche Weise bewusst – und verdammt zielstrebig und ehrgeizig, auch wenn man ihm das nicht angesehen habe. So das Urteil von Roche. Es sei einfach aufregend und faszinierend, Roger zuzuschauen. Das sei, als ob du ein wunderbares Gemälde betrachtest – mit all seinen harmonischen Farben.

Federer hörte in den nächsten Jahren von Roche viele Dinge, die für den Coach selbstverständlich waren, aber die dem Schweizer noch nie jemand gesagt hatte. Aber es war eine seltsame Beziehung zwischen den beiden. Federer und Roche bezeichneten die Zusammenarbeit stets als ein

Teilzeit-Mandat. Roche wollte nicht mehr um den Globus reisen und lieber bei seiner Familie sein. Also beschränkte sich die Zusammenarbeit auf ein paar Treffen jeweils vor besonderen Höhepunkten.

Gleich zu Beginn des Jahres 2005 fuhr Roger Federer seinen 14. Finalsieg in Serie ein. Beim ATP-Turnier in Doha/Katar zeigte er beim 6:3, 6:1 im Finale gegen Ivan Ljubicic dem Kroaten seine Grenzen auf. Von seinen letzten 45 Matches hatte der Eidgenosse nun ganze zwei verloren.

Anschließend gewann er auch noch das Tennis-Einladungsturnier von Kooyong. Damit hatte er genug Selbstbewusstsein für die Australian Open getankt.

In Melbourne gab Federer bis zum Halbfinale nicht einen Satz ab, unzählige Fachleute erklärten Federer zum alleinigen Favoriten in Melbourne. Dann kam der unberechenbare Marat Safin. Der baumlange Tatare war vielen Erwartungen in ihn nicht gerecht geworden. Nachdem er bei den US Open 2000 Pete Sampras im Endspiel vom Platz geschossen hatte und bald darauf kurzfristig die Nummer Eins übernahm, galt er als Zukunft des Herrentennis.

Doch seitdem konnte Safin keinen großen Titel mehr gewinnen. Verletzungen und Ablenkungen jenseits des Platzes ließen ihn zeitweilig gar aus den Top 80 fallen. Inakzeptabel für jemanden mit seinem Talent. So konnte es nicht weitergehen. Safin heuerte einen Starcoach an: Peter Lundgren. Der Schwede hatte Roger Federer groß gemacht und war somit der ideale Mentor für dieses Match. Es wurde eines der größten Matches des Jahrzehnts.

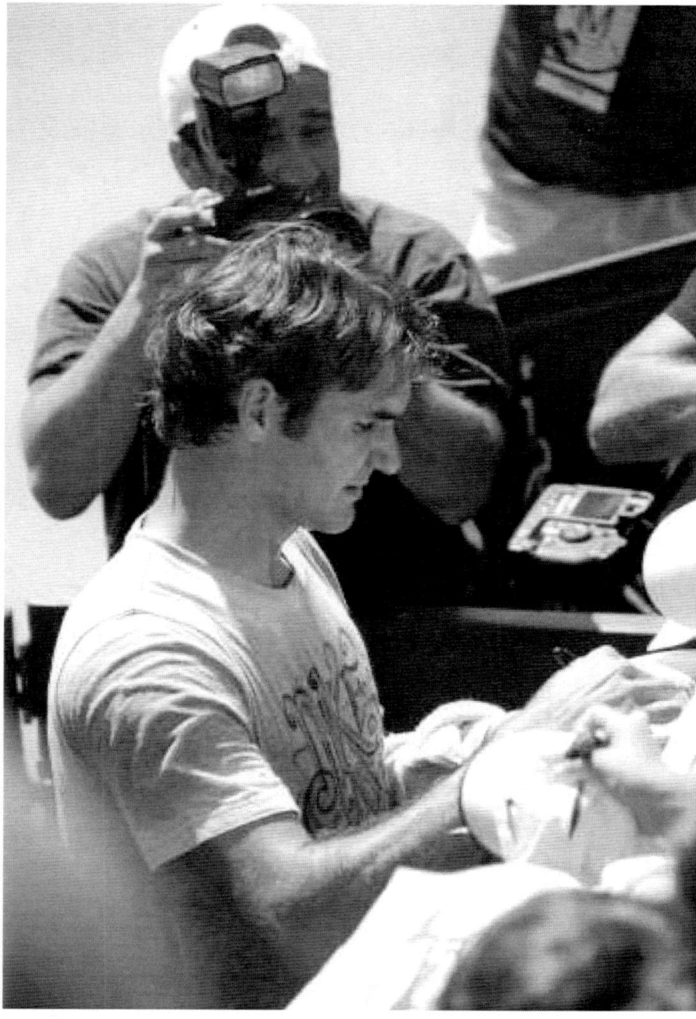

Lange war es ein Schlagabtausch zwischen zwei gleichguten Spielern. Im vierten Satz gab es die seltene Szene eines

Schläger werfenden Federers, nachdem Safin nach einem langen Ballwechsel schon auf verlorenem Posten stand, dann aber mit einer Vorhand cross und mit Hilfe der Netzkante noch den Punkt machte. Federer versagte bei den Big Points und wirkte seltsam ausgelaugt. Er musste sich am Schlagarm behandeln lassen.

Im entscheidenden fünften Satz machte sich die Verletzung bemerkbar: nach einem Doppelfehler nahm Safin Federer den Aufschlag ab. Schließlich stand es 5:3 für Safin. Und wie so oft, wenn er nichts mehr zu verlieren hat, wuchs Federer über sich hinaus und schaffte tatsächlich noch das Rebreak. Safin behielt jedoch die Nerven – womit erst recht keiner gerechnet hatte – und holt sich im nächsten Spiel den dritten Matchball. Federer setzte hier aber noch mal einen drauf und wehrte ihn ab, nachdem der Punkt schon zweimal fast für Safin abgehakt gewesen war. Die Zuschauer tobten.

Kurz darauf stand es 5 Beide. Nun kam auch beim Russen der Frust durch. Federer tastete sich mit einem 0:30 ans Break heran. Safin zog den Kopf aber noch einmal aus der Schlinge und erhöhte auf 6:5. Anschließend ein Deja Vu: Federer brachte sein Service leicht durch, aber Safin hing schnell wieder 0:30 zurück. Ein paar russische Kraftausdrücke später stand es wieder 30 Beide, aber Federer kam anschließend an einen Breakball – und das bei zweitem Aufschlag. Die Entscheidung lag zum Greifen nahe. Der Titelverteidiger schlug jedoch eine Vorhand ins Aus und Safin brachte das Spiel nach Hause.

Im nächsten Aufschlagspiel wirkte Federer anfangs wie versteinert. Safin hatte erneut zwei Matchbälle. Den ersten vergab er durch einen überhasteten Return, den zweiten wehrte Federer selbst ab. Mit dem zweiten Spielball fand er den Anschluss zum 7 Beide.

Safin wirkte mittlerweile klar fitter als Federer, was sich auch im nächsten Aufschlagspiel zeigte, das er zu 15 gewann. Diesen Vorteil warf Safin schließlich im letzten Aufschlagspiel der Nummer Eins mit ganzer Kraft in die Waagschale. Mit einem Vorhandwinner aus dem Halbfeld verwandelte er seinen sechsten Matchball, während Federer an der Grundlinie ausrutschte und zusammenbrach. Ein Raunen ging durch die Reihen der 16 000 Zuschauer in der Rod-Laver-Arena. Der Titelverteidiger aus der Schweiz verlor erst das Gleichgewicht – und dann den Punkt, das Spiel, den Satz und das Match an Marat Safin: 5:7, 6:4, 5:7, 7:6 (8:6), 9:7.

Für Federer folgten Siege in Rotterdam und Dubai, wobei er nur phasenweise brillantes Tennis zeigte. In Dubai hätte es beinahe eine peinliche Erstrunden-Niederlage gegen den Tschechen Ivo Minar (Nummer 119 der Rangliste) gesetzt. 7:6 hieß es im entscheidenden dritten Satz.

Vielleicht fehlte ihm doch ein Coach. Federer hatte Roche seit Melbourne nicht mehr gesehen, und telefoniert haben die beiden auch nur sehr selten. Eigentlich sei alles nicht viel anders als im letzten Jahr ohne Coach, meinte Federer.

Erstmals seit 1999 verzichtete Federer auf einen Davis-Cup-Einsatz für sein Land, das prompt gegen die Niederlande verlor. Für Federer sollte sich die Konzentration auf die ATP-Tour aber auszahlen. Erst Sieg in Indian Wells, dann das nächste Masters-Turnier in Miami. Finale gegen Rafael Nadal. Im Vorjahr die überraschende Niederlage. Und auch diesmal sah es nicht viel anders aus. Auf Nadals lange Grundschläge mit viel Topspin fand Federer nur schwer eine Antwort. In den ersten drei Sätzen leistete er sich die ungewöhnlich hohe Anzahl von 56 unerzwungenen Fehlern. Nadal, der über den Center Court wie ein Wirbelwind fegte und nahezu jeden Ball erreichte, beeindruckte auch mit wunderschönen Passierschlägen. Federer war so frustriert, dass er seinen Schläger wutentbrannt auf das Spielfeld schleuderte. Nur zwei Punkte trennten ihn in Miami von einer Drei-Satz-Niederlage, als er das bereits verloren geglaubte Match noch zum 18. Finalerfolg hintereinander für sich umbog. Dieses Comeback war ein Highlight seiner Karriere. Es sei schade für Rafael, dass er verloren habe, meinte Federer nach dem Match, aber man werde noch viel von ihm hören. Genau!

Federer steigerte seinen Matchrekord auf 35:1 im Jahre 2005. Beim Masters-Turnier in Monte Carlo dann der Paukenschlag: Der als Nr. 1 gesetzte Roger Federer unterlag im Viertelfinale nach drei verpassten Matchbällen dem Franzosen Richard Gasquet (7:6, 2:6, 6:7). Wieder einmal geriet er in Schwierigkeiten gegen einen Underdog, dessen Spielweise er einfach nicht kannte. Federer verlor im Fürstentum erstmals seit drei Jahren wieder gegen einen nicht in den Top 100-klassierten Gegner. Für Frankreich war es das erste Mal seit 22 Jahren, dass ein Franzose die Nummer Eins im Tennis schlagen konnte.

Leichte Beute war Federer deshalb auf Sand in dieser Saison noch lange nicht. Der letzte Test vor den French Open sollte Aufschluss über die eigene Form geben. Auf dem Weg zur Titelverteidigung am Hamburger Rothenbaum gab er keinen Satz ab. Deutlicher konnte man seine Ambitionen für das nächste Grand-Slam-Turnier nicht unterstreichen. Die bewegende Rede des Schweizers nach seinem dritten Turniersieg blieb den Tennisfans in Erinnerung. „Hamburg ist eine tolle Stadt. Ich könnte mir vorstellen, hier zu leben. Und mit Walter Knapper verbindet mich eine so innige Beziehung, dass ich dieses Turnier niemals absagen könnte“, sagte Federer damals und umarmte den Turnierdirektor herzlich. Die Deutschen liebten ihn ihrerseits umso mehr, als die deutschen Profis mal wieder nur einen Spieler in die zweite Runde gebracht hatten.

Alles lief darauf hinaus, dass Roger Federer bei den French Open nach dem Titel greifen würde. Er galt als der einsame Turnierfavorit Nummer eins. Es laufe perfekt nach Drehbuch, sagte der Weltranglisten-Erste nach seinem mühelos erstrittenen 6:2, 7:6 (7:3), 6:3-Viertelfinalerfolg über den Rumänen Victor Hanescu. Ohne einen einzigen Satzverlust stieß Federer in die Runde der letzten Vier vor. Er hatte bisher alle angestammten Sandplatzspezialisten aus Südeuropa und Südamerika in den Hintergrund gedrängt, die seit Jahren den Höhepunkt der Sandplatzsaison in spanische oder wie 2004 in argentinische Meisterschaften verwandelt hatten.

Seit zwei Jahren (Gstaad) hatte Federer kein Endspiel mehr verloren, hingegen 21 Finals gewonnen. „Wer Federer schlagen will, muss dies vor dem Finale tun“, meinte dazu Boris Becker trocken. Im Halbfinale wartete Rafael Nadal. Ich gehe furchtlos raus, verkündete der Spanier vor dem Spiel. Auch Roger sei nur ein Mensch, ein schlagbarer Spieler. Keine Floskel, da konnte man sicher sein.

Die Zuschauer bekamen das Beste zu sehen, was das Tennis zu dieser Zeit zu bieten hatte. Federer mit einer Bilanz von 46:2-Siegen, Nadal mit einer Gewinn-Verlust-Rechnung von 46:6. Vom Start weg wirkte Federer nervös und unsicher. Sofort kassierte er im ersten Aufschlagspiel ein Break, und auch danach wurde es nicht viel besser für den verkrampften Eidgenossen, der mit 3:6 den ersten Satz im ganzen Turnier abgab. Erst Mitte des zweiten Satzes berappelte sich die Nummer eins gegen den aggressiver und entschlossener ans Werk gehenden Senkrechtstarter und schaffte, wenn auch ohne jeden Glanz, den 1:1-Ausgleich.

Doch ähnlich wie beim anderen verlorenen Grand-Slam-Halbfinale dieses Jahres, dem Melbourne-Duell gegen Marat Safin, verlor Federer zu viele einfache Punkte und leistete sich völlig ungewohnte Fehlschläge aus unbedrängter Situation. Schnell nutzte Nadal die Gunst der Stunde, machte aus allen möglichen Lagen und Situationen Druck gegen Federer. Auch von den „Roger, Roger"-Rufen der Pariser ließ sich Nadal schließlich nicht mehr beirren, holte sich den dritten Satz und nach einem 1:3-Rückstand auch noch den vierten und schon letzten Durchgang.

Einfach phänomenal, wie abgebrüht und selbstsicher der Spanier gegen die Nummer 1 auftrat. Der Kronprinz hatte an seinem 19. Geburtstag den König gestürzt, die Zukunft hatte über die Gegenwart des Tennis triumphiert. Nadal gewann schließlich als Debütant das Finale und schwang sich damit zum unangefochtenen Sandplatzkönig auf.

Anders als früher stürzte für Federer nicht die Welt zusammen, wenn er ein Match wie dieses gegen Nadal verlor. Nun wartete die Rasensaison, und längst gab es keinen zweiten Ort der Welt, wo der Schweizer sich als Spieler so sicher und selbstbewusst fühlte.

Im Wimbledon-Halbfinale bescherte Federer Lleyton Hewitt dessen achte Pleite in Folge gegen ihn. Das Endspiel gegen Andy Roddick war eine Neuauflage vom Vorjahr. Diesmal wirkte Federer ab dem ersten Ballwechsel hochgradig konzentriert. Er schlug von Anfang an gut auf und hatte auch bald die gewaltigen Aufschläge des Amerikaners im Griff. Roddick musste schnell einsehen, dass gegen die Nr. 1 der Welt selbst ein vermeintlicher Gewinnschlag nicht zwingend zum Punkt führte, weil der Ball gleichwohl wieder übers Netz zurückkam.

Nach 22 Minuten und zwei Breaks war der erste Satz Wimbledon-Geschichte. In seinen vier Aufschlagspielen überließ Federer seinem Gegner einen einzigen Punkt. Und es ging im gleichen Stil weiter: 4:0 Punkte im ersten Service-Game des zweiten Sets. Dann, wie ein Blitz aus heiterem Himmel, das Break zum 1:2. Ein kleiner Fehler und etwas Pech hier, zwei großartige Schläge von Roddick und ein Quentchen Glück für den Amerikaner dort; schon war eine Situation erreicht, die eine Wende hätte einleiten können. Allein, Federer spielte weiterhin auf einem Niveau, mit dem er die Nr. 2 der Setzliste auf Dauer überforderte. Das Break zum 3:3-Ausgleich bedeutete eine markante Zwischenstation auf dem Weg zum makellosen Erfolg. Die 2:0-Satzführung sicherte sich der Schweizer mit auffallend angriffigem Spiel. Den ebenfalls häufig ans Netz vorrückenden Gegner schockierte Federer regelmäßig mit verblüffenden Reaktionen. Er antizipierte Roddicks Spiel und placierte die eigenen Bälle exakt. Den Tie-Break beherrschte er fast nach Belieben.

Federers Spiel bewegte sich nahe an der Perfektion. Besser habe er kaum je gespielt, sagte er hinterher selber. Dabei spielte der Amerikaner so gut Tennis, dass er meinte, im Jahr zuvor hätte er Federer im Finale auf diesem Niveau schlagen können. Aber der Schweizer war in der Zwischenzeit auch nicht untätig geblieben, hatte mit Tony Roche am Detail und an der Verbesserung des Offensivspiels gefeilt. Der dritte Wimbledonsieg war der Lohn.

Auf Andy Roddick wartete gleich die nächste Schmach. Im letzten Test vor den US Open verbuchte Federer in Cincinnati bereits den neunten Turniersieg des Jahres: ein glatter Finalsieg gegen Roddick. Seit zwei Jahren hatte der Amerikaner nun gegen den Schweizer nur einen einzigen Satz gewinnen können.

Auch bei den US Open konnte ihn niemand stoppen. Vierter Satz, Finale, Roger Federer schlägt auf gegen Andre Agassi. Duell der Generationen. Zuerst das typische Hin und Her des modernen Power-Grundlinienspiels. Federer und Agassi hetzten einander von einer Seite zur anderen, bis schließlich Agassi einen Ball gegen die Laufrichtung des Schweizers schmettern konnte. Ein tödlicher Ball in wohl jedem anderen Match. Federer war fast schon an der Mittellinie, doch er schaltete auf Umkehrschub, machte drei, vier unglaublich schnelle Schritte zurück und schlug, das ganze Gewicht nach hinten verlagernd, aus der linken Ecke eine Vorhand. Der Ball passiert Agassi. Entsetztes Schweigen beim New Yorker Publikum, bevor die Menge explodiert. John McEnroe, der das Spiel im Fernsehen kommentierte, meinte nur: „Wie kann man aus dieser Position einen solchen Ball schlagen?“

Agassi gab nach dem Match und der achten Niederlage in Folge gegen Federer zu, noch nie gegen einen besseren Spieler verloren zu haben. Federer stellte einen Rekord nach dem anderen auf. 35 Hartplatzsiege in Folge, 23 Endspielsiege in Folge, seine bislang sechs Grand-Slam-Finals alle gewonnen, als erster Spieler in der Profi-Ära nacheinander den Titel in Wimbledon und bei den US Open erfolgreich verteidigt.

Zum Masters Cup am Ende des Jahres brachte der Schweizer eine Siegesserie von 31 Spielen in Folge mit, die er durch das Erreichen des Turnierfinals auf 35 ausbaute. Hier traf er auf David Nalbandian, seinen Angstgegner aus früheren Tagen. Fünf Mal in Folge hatte Federer gegen den Argentinier gewonnen, doch die letzten vier Begegnungen waren an den Schweizer gegangen. Er hatte den Spieß umgedreht.

Nach zwei Tie-Breaks führte der Weltranglistenerste im Finale mit 2:0 in den Sätzen. Niemand rechnete mehr mit einer Rückkehr Nalbandians. Doch je länger das Spiel andauerte, desto stärker baute Federer körperlich ab. Obwohl er im letzten Satz einen 0-4 Rückstand noch in eine 6:5-Führung umdrehen konnte, beendete Federer die Partie als Verlierer. Damit brach nicht nur die fünftlängste Siegesserie in der Profigeschichte, sondern auch sein Rekord von 24 Finalsiegen in Folge. Zudem verpasste der Schweizer die Chance, die statistisch beste Profisaison von John McEnroe aus der Saison 1984 (82 Siege bei 3 Niederlagen) zu egalisieren.

Das Jahr 2006 begann für Roger Federer fast schon routinemäßig. Zwar kritisierte er zunehmend die großen

Erwartungen, die man an ihn richtete. Man solle es doch nicht als selbstverständlich nehmen, dass er jetzt einen Grand-Slam-Titel nach dem anderen gewinne. Aber wieder stand er bei den Australian Open im Finale und entsprach damit den in ihn gesetzten Erwartungen. Zumindest im Achtelfinale hatte ihm Tommy Haas alles abverlangt und in den fünften Satz gezwungen. In den Sätzen 3 und 4 konnte der Deutsche endlich einmal zeigen, welches Potenzial er hatte. Doch am Ende traf Federer die Linien und machte weniger Fehler.

Im Endspiel gegen Marco Baghdatis war Federer natürlich klarer Favorit. Er hatte alle drei bisherigen Vergleiche mit dem 20-jährigen Zyprioten für sich entschieden. Aber der Favorit begann nervös und fahrig. Bei einer 7:5, 2:0-Führung hatte der couragierte Newcomer die besten Chancen zu einem Doppelbreak und einem potenziellen 2:0-Satzvorsprung, doch wie in fast allen Spielen der zweiten Turnierwoche präsentierte sich Federer, am Limit gefordert, als wahrer Entfesselungskünstler und drehte das Match mit faszinierender Entschlossenheit wieder um. Die beiden letzten Sätze gegen den müden Zyprer verwandelte Federer in Einbahnstraßen-Tennis – ohne Chance auf einen Umschwung für Baghdatis. Ein Traum seien die letzten 14 Tage gewesen, sagte der Zypriote, „nun bin ich daraus aufgewacht“.

Als ihm Tennislegende Rod Laver den Pokal überreichte, verlor Federer erst die Stimme und dann die Fassung.

Vor Beginn der Sandplatzsaison gelang Federer erneut der Gewinn der Turniere von Indian Wells und Miami.

Auf Sand erreichte Federer bei den Masters-Turnieren von Monte Carlo und Rom jeweils das Finale. In beiden Spielen unterlag er aber Rafael Nadal, obwohl er in Rom zu Matchbällen kam. Zwar hatte sich Federer im Verlaufe der Saison als zweitbester Sandplatzspieler der Welt etabliert, aber niemand konnte ernsthaft damit rechnen, dass er bei den French Open Nadal Konkurrenz machen würde.

Auf das Turnier in Paris hatte sich der top-gesetzte Schweizer wie kaum jemals zuvor auf einen anderen Wettbewerb konzentriert und vorbereitet. Die Tennis-Götter meinten es in Paris dann auch gut mit ihm. Ausgerechnet im Halbfinale konnte der alte Bekannte David Nalbandian erstmals in 299 Partien wegen einer Verletzung nicht antreten. Ein Qualifier, ein Lucky Loser und lauter Gegner aus den Positionen 32, 20 und 12 hatten den Schweizer Champion bis dahin kaum in die rote Zone gedrängt.

Noch am Tag vor dem Endspiel gegen Rafael Nadal engagierte Federer einen rumänischen Nachwuchsspieler als Sparringspartner – weil er unbedingt noch einmal gegen einen Linkshänder trainieren wollte. Im ersten Satz zeigte der Schweizer auch sein mit Abstand bestes Spiel auf der roten Asche und ließ dem Linkshänder aus Mallorca keine Chance, ins Spiel zu finden. Doch nach dem verschlafenen ersten Durchgang wachte der Sandplatz-König plötzlich auf. Und was sich in der Folgezeit abspielte, kam einer Demontage von Federer gleich.

Der Schweizer stand völlig neben sich, selbst die einfachsten Schläge misslangen. Nadal scheuchte seinen Gegner wie aufgedreht über den Platz, auch die aufmunternde Rufe aus dem Publikum halfen dem Basler nicht. Sein

Aufbäumen im vierten Satz, als er sich in den Tiebreak kämpfte, kam zu spät.

Mit dem 6:1, 1:6, 4:6, 6:7 baute der 20 Jahre alte Spanier nach einer weiteren Demonstration seiner Extra-Klasse seine imposante Rekordserie auf 60 Sandplatz-Siege in Folge aus. Spätestens nach diesem Triumph wurde der Mallorquiner endgültig zum Angstgegner des Schweizers. Für Nadal standen nun sechs Siege bei nur einer Niederlage zu Buche. Allein in diesem Jahr hatte er schon vier Endspiele gegen Federer gewonnen. Wenige Wochen später sollte Nadal den Thron des Schweizers in Wimbledon angreifen.

Noch glaubte freilich niemand, dass Nadal einem Roger Federer auch auf Rasen würde Paroli bieten können. Nach dem Final-Sieg von Halle war es amtlich: Der Weltranglisten-Erste Federer ist der beste Rasen-Spieler aller Zeiten. Der Wimbledon-Champion aus der Schweiz egalisierte mit seinem 41. Sieg nacheinander auch den Uraltrekord des legendären Schweden Björn Borg, der von 1976 bis 1980 auf Rasen ungeschlagen war.

In Wimbledon gelang Federer wieder der Durchmarsch. Nach dem Halbfinale zwischen Federer und dem Schweden Jonas Björkman, bei dem Federer den Schweden nicht nur einfach besiegt, sondern vernichtend geschlagen hatte, sagte Björkman auf der anschließenden Pressekonferenz, dass er sich gefreut habe, dem Schweizer vom besten Platz des Hauses aus zusehen zu dürfen.

Im Finale dann Rafael Nadal – fast schon ein Klassiker. Die vergangenen fünf Partien hatte Federer gegen Nadal verloren. Aber auf seinem Lieblingsbelag Rasen dominierte der 24-Jährige das Match vom ersten Schlag an.

Nadal dagegen begann nervös und bekam zu Beginn eine Lehrstunde erteilt. Nach nur 24 Minuten war der erste Satz entschieden.

Als Federer im dritten Durchgang dann nur noch ein Tiebreak zum Durchmarsch fehlte, kämpfte sich Nadal in beeindruckender Manier noch einmal zurück ins Match und nahm Federer zumindest den ersten Satz in Wimbledon 2006 ab. Im vierten Durchgang zog Federer jedoch noch einmal das Tempo an. Er ging sogleich 5:1 in Führung, musste dann sein Servicegame noch einmal abgeben und verwertete dann seinen ersten Matchball, als Nadal einen Backhandslice ins Out schlug.

Für Federer war es im achten Duell mit Nadal erst der zweite Sieg. „Jetzt mag ich unsere Rivalität wieder", meinte er nach dem Match gutgelaunt. Federers bislang letzte Niederlage auf seinem favorisierten Belag datierte aus dem Jahr 2002 – als er dem Kroaten Mario Ancic unterlegen war.

Nach Wimbledon legte Federer den Schläger für ganze neun Tage aus der Hand und gönnte sich vier Wochen „Urlaub" ohne Turnierstress, bevor er die Hartplatzsaison anging. Finalsieg in Toronto. In Cincinnati raus gegen Andy Murray.

Bei den US Open peilte Roger Federer den Titel-Hattrick an. Die erste richtige Herausforderung wartete im Viertelfinale in Form des Duells gegen James Blake, der 24.000 johlende und völlig ausgeflippte Zuschauer auf seiner Seite hatte. Bei diesem Höllenlärm servierte Federer im dritten Satz schon zum Matchgewinn, wurde dann aber noch abgefangen und in den vierten Satz gezwungen. Hier wieder Service zum Matchgewinn, wieder Break für Blake. Beim 5:4

behielt Federer dann aber doch die Nerven in diesem finalwürdigen Match, von dem er wenig später behauptete, es sei für ihn nicht sehr hart gewesen.

Im Halbfinale fertigte der Meister der Coolness den Russen Dawidenko ab. Aus Sicht der amerikanischen Zuschauer dann das Traumfinale Federer gegen Andy Roddick. Roddick befand sich mit seinem neuen Trainer Jimmy Connors im Aufwind. Zu Beginn sah in New York jedoch alles nach einem glatten Sieg Federers aus. Bereits nach 17 Minuten führte der Titelverteidiger mit 5:0. Erst zum Ende des ersten Satzes kam auch Roddick ins Spiel und startete mit einem Break in den zweiten Durchgang, das er bis zum Ende hielt. Im dritten Durchgang wogte die Partie hin und her. Zuerst hatte Roddick bei 3:2 vier Breakbälle, die Federer im großen Stil abwehrte. Im nächsten Game konnte er dann aber selber fünf Breakchancen nicht nutzen. Im zwölften Game leistete sich Roddick dann ungewohnt viele Fehler, sodass seinem Gegner im entscheidenden Moment das Break zum 7:5 gelang. Danach ließ sich Federer nicht mehr aufhalten. Für Roddick war es die elfte Niederlage im zwölften Spiel gegen Federer.

Im Jahre 2007 rückte Rafael Nadal der Nummer Eins immer weiter auf den Pelz. Für 2007 hatte Federer insgesamt 19 Turniere auf dem Plan. Für Nadal, mittlerweile die Nummer Zwei, standen allein im ersten Halbjahr 15 Wettkämpfe auf dem Programm.

Doch noch war Roger Federer der unbestrittene Hartplatz-König. Mit Tennis aus einer anderen Welt stürmte er gegen Andy Roddick in das Finale der Australian Open.

Dabei hatte Roddick nach Matchbällen zuletzt beim Masters-Cup und dem inoffiziellen Sieg zwei Wochen zuvor beim Einladungsturnier in Kooyong noch verkündet, der Abstand zu Federer habe sich verringert.

Die Nummer Eins antwortete auf ihre Weise. Der Schweizer Titelverteidiger ließ den Amerikaner beim 6:4, 6:0, 6:2 in 83 Minuten wie einen Anfänger aussehen und blieb auch in der Revanche für das vorige US-Open-Finale ohne Satzverlust im laufenden Turnier. Für Roddick war es im 14. Pflichtspiel die 13. Niederlage gegen Federer.

Im Finale wartete der Chilene Fernando González, der sich anders als Federer den Traum vom Olympiasieg schon erfüllt hatte (wenn auch nur im Doppel). Im ersten Satz war González tatsächlich der bessere Spieler. Federer machte mit der Vorhand zu viele Fehler und wusste nicht, was er mit dem Slice seines Gegners anfangen sollte. Dazu hatte er auch mit dem Wind an diesem kühlen Sommerabend seine liebe Müh und Not.

Am Ende blieb Fernando González jedoch nur ein kleiner Trost: Als Erstem bot sich dem Chilenen bei diesen Australian Open die Chance, gegen Roger Federer wenigstens einen Satz zu gewinnen. 5:4 und 40:15 bei eigenem Aufschlag, zwei Satzbälle - und doch reichte es nicht, um dem 25-jährigen Ausnahmekönner eine weitere eindrucksvolle Bestmarke zu verderben. Beeindruckend, wie Federer die gewaltige Vorhand von González neutralisierte, wie er fast mühelos diese Gewaltschläge retournierte. Nur sechs Vorhand-Gewinnschläge im ersten Satz, jeweils nur noch drei in den Sätzen zwei und drei gestattete er dem Chilenen.

Federer bewies, dass er eindeutig die beste Vorhand im Tennis besitzt – und mit ihr brachte er 18, also doppelt so viele Gewinnschläge an wie der Südamerikaner. Und am Ende des Matches bot Federer auch noch Spektakuläres. Eine krachende Longline-Rückhand beendete das Match. Als Erster gewann Roger Federer somit zum zweiten Mal drei Grand-Slam-Turniere in Folge.

Dass auch Roger Federer keine Maschine ist, wurde Wochen später deutlich. Im März wurde es geradezu kurios. Federer bekam einen neuen Angstgegner. Sechzehn Tage nach der Niederlage in Indian Wells verlor der Weltranglisten-Erste auch beim Masters-Turnier in Miami gegen den Argentinier Guillermo Cañas, die ATP-Nummer 55. Die Formkurve zeigte eindeutig nach unten, auch wenn Federer dies anders sah. Die festgehaltenen 54 Unforced errors führte Federer darauf zurück, dass der Statistiker in Miami keine Ahnung habe, was ein unerzwungener Fehler sei.

Die Geduld, die Federer in Melbourne ausgezeichnet hatte, ging der Nummer 1 der Welt zumindest vorübergehend verloren. In der Weltrangliste schrumpfte Federers Vorsprung auf Verfolger Nadal.

Und auf Sand erwies sich Rafael Nadal scheinbar als unschlagbar. Federer verlor in Monte Carlo das Finale des ATP-Masters-Series-Turniers gegen den Spanier 4:6, 4:6. Es war nach zehn Finalsiegen in Folge die erste Niederlage des Schweizers in einem Endspiel seit den French Open vor einem Jahr. Das Erreichen des Finals war zwar ein guter Beginn der Sandplatzsaison. Aber bis zum Turnier in Hamburg beendete er vier Turniere ohne Titelgewinn. Er war verunsichert.

Am Rothenbaum nahm Federer erneut Anlauf, Nadals Siegesreihe von 81 Erfolgen auf Sand zu brechen. Keiner traute es ihm zu. Auf dem Weg ins Finale schwächelte er des öfteren. Aber auch Nadal hatte im Halbfinale Lleyton Hewitt erst in zweieinhalb Stunden niederringen müssen. 36 Matches in Folge war Roger Federer nun in Deutschland unbesiegt. Welche Serie würde reißen? Die von Federer oder die von Nadal?

Während ein Leichtflugzeug „Go Roger Go" an den Himmel schrieb, schien es wie schon bei den Sand-Duellen zuvor wieder anders zu kommen. Nadal ging rasch in Führung und düpierte den ungewohnt schwach servierenden Schweizer dabei mehr als einmal. Doch Federer blieb eiskalt und schlug konsequent zurück. Den zweiten Satz dominierte er wie Nadal den ersten. Und im dritten Durchgang ließ er nicht nach, während bei seinem spanischen Gegner die Kräfte schwanden. 6:0 hieß es am Ende des dritten Satzes. Erstmals hatte Roger Federer Nadal auf Sand bezwingen können.

Die Generalprobe für die French Open war gelungen. Federer wusste, wer sein gefährlichster Gegner sein würde. Vor dem Turnier engagierte er deshalb sogar einen starken Linkshänder als Trainingspartner, der immer wieder Vorhandschläge mit starkem Spin auf die Rückhand schlagen musste. Das genau war die stärkste Waffe von Rafael Nadal.

Als Federer am Finaltag um 15 Uhr 10 den ersten Aufschlag hatte, waren die Sympathien klar verteilt: Die Zuschauer waren zwar nicht gegen Nadal, doch sie waren so sehr für Federer, dass sein Applaus stets doppelt so laut schien und immer wieder „Roger, Roger"-Sprechchöre aufkamen. Rafael Nadal zeigte sich davon aber unbeeindruckt.

Ein anderer Ausgang des ersten Satzes hätte die Partie möglicherweise in die andere Richtung leiten können. Doch zehn Breakchancen ließ Federer verstreichen. Natürlich war der Gegner stark, aber die eigenen Unzulänglichkeiten stellten ihm mal wieder ein Bein. Von siebzehn Breakchancen konnte er nur eine einzige verwerten und mit der ansonsten so zuverlässigen Vorhand beging er 28 unerzwungene Fehler. 3:6, 6:4, 3:6, 4:6 hieß es am Ende aus Sicht des Schweizers.

Revanche in Wimbledon. Natürlich stand Roger Federer im Finale. Das war schon selbstverständlich. Nicht ganz so selbstverständlich, dass Nadal sein Finalgegner war. Er wolle den Titel unbedingt. Ein Jahr ohne wäre sehr traurig, setzte sich der seit 54 Matches auf seinem Lieblingsbelag unbesiegte Federer vor seinem 13. Grand-Slam-Finale selbst unter Druck. Das Finale zwischen ihm und Nadal hatte einen Marktanteil von 41,1 Prozent im Schweizer Fernsehen. Die Nation schaute auf ihn.

Vielleicht zeigte er sich deshalb ungewohnt unsicher. Nach einem gelungenen 3:0-Start drohte der mühsam stampfende „Fed-Express" mehrfach aus der Erfolgsspur zu springen. Nadal glich postwendend aus und machte dem wankenden Favoriten nach dem knapp verlorenen Tiebreak auch in den folgenden Sätzen das Leben unglaublich schwer. Immer wieder bemühte Federer das „Hawk-Eye", den elektronischen Schiedsrichter, der erstmals in Wimbledon eingesetzt wurde. Federer konnte sich mit dieser Neuerung nie richtig anfreunden. Er lag mehrfach falsch mit seiner Intervention. Ohne Trainer in seiner Box fehlte dem Branchenprimus die nötige Korrektur.

In den entscheidenden Momenten aber zeigte sich der Schweizer doch nervenstark und gewann das Turnier schließlich nach einem Fünfsatzmarathon mit 7:6 (9:7), 4:6, 7:6 (7:3), 2:6, 6:2. Nadal war nach einem Ausrutscher im vierten Satz am rechten Knie lädiert und konnte Federer am Ende des fast vier Stunden dauernden Matches nicht mehr viel entgegensetzen. Nach dem verwandelten Matchball lag Federer vor Glück weinend auf dem ramponierten Rasen.

Die Verletzung Nadals war ein böses Omen für die nächsten Jahre, denn Verletzungen sollten den Spanier immer wieder stoppen.

Zwar ernannte eine Schweizer Boulevardzeitung Federer nach dem Sieg zum „Tennisgott". Aber während des Jahres 2007 deutete sich an, dass es Federer immer schwerer fiel, seine Dominanz zu behaupten. Bei jedem Turnier, jedem Duell, waren seine Verfolger näher gekommen. Er begann für seine Verhältnisse ungewöhnlich oft zu verlieren. Sein Nimbus der Unbesiegbarkeit war plötzlich weg, unbekanntere Gegner spielten frecher gegen ihn auf.

In Cincinnati gewann Federer im August seinen fünfzigsten Titel überhaupt. Der 51. sollte bei den US Open folgen. Roger Federer und Rafael Nadal waren die Favoriten auf den Siegerscheck. Wenn er sein Haus auf jemand anderen als auf sich selbst verwetten müsste, dann würde er auf Nadal tippen, scherzte Federer kurz vor den US Open. Der Spanier war übrigens wenige Wochen zuvor mit Federer in dessen Privatjet nach Cincinnati geflogen.

Dass ein Finale Federer-Nadal kein Selbstläufer war, zeigte sich im Halbfinale, in dem mit Novak Djokovic jemand lauerte, der den Zweikampf an der Spitze zu einem Dreikampf erweiterte. Wenige Wochen zuvor hatte Federer gegen den Serben noch verloren. Entsprechend selbstbewusst begann Djokovic. Beim Stand von 6:5 und 40:0 im ersten Satz hatte er Satzbälle, wurde aber hektisch, und vergab sie – und danach im selben Spiel nochmal zwei. Federer fühlte, dass sein Gegner verkrampfte und Angst hatte, auf den Ball zu schlagen. Federer gewann den Satz. Im zweiten Satz unterliefen ihm zunächst viele Fehler, und Djokovic ging mit 4:1 in Führung. Nachdem Federer einen Breakball zum 1:5 abgewehrt hatte, schaffte er den Ausgleich zum 4:4. Je länger dieser Satz dauerte, desto besser servierte der Schweizer. Das half ihm auch, Djokovics Satzbälle beim Stande von 6:5 abzuwehren. Das waren wohl die Schlüsselmomente des Spiels, denn im Tiebreak hatte Djokovic überhaupt keine Chance mehr. Nach dem 2:2 machte Federer fünf Punkte in Folge. Der dritte Satz war fast nur noch Formsache und wurde vom Serben mit einem seiner ärgerlichen Fehler beendet.

Doch der Schweizer wusste, dass das Ergebnis der Leistung seines Gegners zu wenig gerecht wurde. „In drei Sätzen zu verlieren, das ist brutal für Novak. Er hat Besseres verdient."

Beim Saisonabschluss, dem Masters in Shanghai, startete Federer zwar mit einer Niederlage gegen den Chilenen Gonzalez. Doch danach konnte ihn niemand auf dem Weg zum vierten Masters-Titel stoppen. Nach dem glorreichen Halbfinalsieg gegen Nadal (6:4, 6:1) konnte selbst der Spanier Federers beeindruckende Leistung nicht fassen: „Er hat wie ein Verrückter gespielt. Einfach unglaublich", sagte Nadal nach seinem Ausscheiden.

Freilich war der Sieg gegen den Spanier auch wieder einmal das Ergebnis kluger Saisonplanung. Während sich die anderen Spitzenspieler nach einer anstrengenden Saison zum Masters schleppten, war der Schweizer absolut frisch. Im Finale fertigte er Nadals Landsmann David Ferrer in drei leichten Sätzen ab. Mit dem 53. Titel seiner Profilaufbahn schloss der Schweizer die Saison ab und kassierte mit einem Preisgeld von mehr als zehn Millionen Dollar so viel wie noch nie ein Spieler auf der ATP-Tour vor ihm pro Jahr. Drei der vier Grand-Slam-Turniere hatte er gewonnen. Und es war das vierte Jahr in Folge, das Federer als Weltranglistenerster beendete.

Seine Stärke erfuhr Federer jedoch nicht von seinem Trainer. Nach zweijähriger Zusammenarbeit trennte sich der 26-Jährige im Mai 2007 von seinem australischen Coach Tony Roche. Seitdem spielte Federer allein gegen den Rest der Welt – und das mit Erfolg. Er gedenke weitere neun Jahre, also bis zu seinem 35. Lebensjahr, auf der internationalen Tennisbühne mitzumischen, sagte Federer in jenen Tagen.

Allerdings verrät ein genauer Blick auf die Zahlen, dass Federer 2007 eine Matchbilanz von 69:9 Siegen hatte und damit mehr Niederlagen einstecken musste als in den Jahren zuvor. 2004 und 2006 verlor er jeweils fünf Mal, 2005 nur vier Mal. 2006 siegte er bei zwölf Turnieren, 2007 dagegen nur bei acht. Ende November kassierte er auch noch eine Niederlage in einem Schaukampf („Duell der Zeiten“) gegen Pete Sampras.

Das Jahr 2008 hatte das Potenzial, zu einem Wendepunkt in der Karriere Roger Federers zu werden. Freilich war dies zu Jahresbeginn noch nicht vorherzusehen.

Anfang 2008 plagte Federer das Pfeiffersche Drüsenfieber. Bereits im Vorfeld der Australian Open in Melbourne war er geschwächt gewesen; eine Lebensmittelvergiftung hatte seine Vorbereitung empfindlich gestört. Mononukleose ist eine Infektion, die durch das Epstein-Barr-Virus hervorgerufen wird und grippeähnliche Symptome sowie extreme Müdigkeit hervorrufen kann. Nachdem Federer im Februar zum dritten Mal binne sechs Wochen erkrankt war, unterzog er sich Tests, die diese Diagnose zu Tage brachten. Das Pfeiffersche Drüsenfieber trifft viele Sportler. Federers Kollege Mario Ancic hatte deshalb die zweite Jahreshälfte 2007 über pausieren müssen.

Die gesundheitliche Schwächephase fiel in die Zeit der Australian Open. Vor dem Hintergrund der Krankheit war es eigentlich eine Meisterleistung, bei einem Grand-Slam-Turnier unter die besten Vier zu kommen. Hätten die Ärzte damals schon über die Erkrankung Bescheid gewusst, hätte er vermutlich überhaupt nicht antreten dürfen.

Als Federer im Halbfinale gegen Novak Djokovic mit 5:7, 3:6, 6:7 unterging, hätte man eigentlich ahnen können, dass da etwas nicht stimmte. Federers Kommentar: In drei Sätzen ist sehr brutal. Es tröstete ihn wenig, dass Rafael Nadal in seinem Halbfinale noch viel schlimmer zerlegt worden war. Die Mütze tief ins Gesicht gezogen, die Arme vor der Brust verschränkt, trat Federer vor die Presse und stand tapfer Rede und Antwort. Doch er war ratlos. Dem bisher so dominanten Branchenprimus war anzumerken, dass es in ihm arbeitete. Bislang hatte er die „jungen Wilden“ wie Djokovic in den entscheidenden Matches meist in Schach halten können.

Sensationell standen sich am Finalsonntag die jungen Himmelsstürmer Jo-Wilfried Tsonga und Novak Djokovic gegenüber. Unverbraucht, mutig und respektlos konnten sie der Herrschaft Roger Federers schon bald gefährlich werden.

Für Federer endeten mit der Niederlage mehrere Erfolgsserien. Seit seiner Halbfinalniederlage 2005 bei den French Open stand der Ausnahmesportler in zehn Grand-Slam-Finals in Folge und gewann acht. Mit der Niederlage war auch der Versuch des 26-Jährigen gescheitert, als erster Spieler in der Profiära die Australian Open drei Mal in Folge zu gewinnen.

Im Februar wurde Federer in St. Petersburg zum vierten Mal nacheinander als Weltsportler des Jahres ausgezeichnet – von der Jury aus 43 Sportlegenden, zu denen aus Deutschland Boris Becker, Katarina Witt und Franz Beckenbauer zählten. Größen wie Golfer Tiger Woods, der wie Michael Schumacher die begehrte Silberstatue zweimal gewinnen konnte, oder US-Schwimmstar Michael Phelps ließ er ebenso hinter sich wie Fußball-Weltmeister Kaka oder Formel-1-Champion Kimi Räikkönen. Das sympathische Auftreten und das Lächeln des Schweizers, das noch immer einen Anflug von Schüchternheit suggerierte, nahm allen Missgünstigen sogleich die Munition.

Gleichzeitig machten Gerüchte über ein Karriereende von Roger Federer die Runde. Hatte er nicht alles erreicht? War er noch motiviert genug, sich dem Ansturm der jungen Wilden entgegen zu stemmen? Pete Sampras, gegen den Federer im März einen Schaukampf knapp gewann, sah die Sache realistischer. „Roger hat durch seine vielen Siege selbst eine Art Monster geschaffen, das er jetzt nicht mehr los wird", sagte der 36-jährige Amerikaner. „Eine Niederlage hier, eine da, und schon geht das Gerede vom Ende der Karriere los. Aber ich bin sicher: Wenn die ganz großen Kuchen verteilt werden, holt Roger sich immer noch das beste Stück."

Den Frust von Melbourne streifte Federer schnell ab. Für das Herren-Tennis sei es eine spannende Zeit. Endlich würden jüngere Spieler nachrücken und den Etablierten das Leben schwerer machen. Wie wahr! Anfang März kassierte Federer eine Erstrunden-Niederlage gegen Andy Murray, der in den folgenden Monaten zu einem Angstgegner werden sollte. Es war für den Schweizer die erste Erstrunden-Niederlage seit August 2004.

In Miami flog er Anfang April im Viertelfinale raus – gegen Andy Roddick, der ihn seit 2003 nicht mehr hatte besiegen können.

Federer verpflichtete für die Sandplatzsaison extra den Spanier José Higueras – in seiner Glanzzeit selbst zweimal Semifinalist in Paris – als neuen Coach, um endlich dem weltbesten Sandplatz-Spieler gefährlich werden zu können und erstmals auf dem roten Ziegelmehl von Roland Garros zu triumphieren. Wieder einmal wurde man bei Federer nicht klug, was die Zusammenarbeit mit José Higueras betraf. Richtig zusammengearbeitet, gestand Federer, hätten sie erst vor den French Open, beim bisher einzigen Saisonsieg in Estoril. Zuvor sei es unmöglich gewesen, alles habe sich auf Gespräche beschränkt.

Die Generalprobe am Hamburger Rothenbaum misslang aber. Rafael Nadal fügte dem viermaligen Hamburg-Sieger Federer nach 41 Siegen auf deutschem Boden die erste Niederlage zu. Dabei hatte der Spanier bei seinem dreistündigen Kraftakt gegen Djokovic im Halbfinale eine Menge Energie verbraucht. Der Linkshänder aus Mallorca war auch deshalb weit von seiner körperlichen Bestform entfernt und musste sich im ersten Satz bei 2:5-Rückstand etwa zehn Minuten am rechten Oberschenkel behandeln lassen. Die Zuschauer ahnten bereits das Schlimmste, als sein Trainer und Onkel Toni mit eindeutigen Handzeichen signalisierte: Es geht nicht mehr. Aufgeben mochte der Sandplatz-König allerdings nicht. In fast drei Stunden rang er den Schweizer nieder.

Federer gab sich im Hinblick auf die French Open trotzdem optimistisch. Er habe die Krankheit überwunden und sei besser vorbereitet als in den Jahren davor.

Im Viertelfinale gegen Fernando González sah es aber schon nach einem frühen Ende für die Nummer Eins aus. Mit hängenden Schultern und ratlosem Blick musste Federer nach dem ersten Satz auf der Bank Platz nehmen. González hatte den zwölfmaligen Grand-Slam-Sieger über das Feld gehetzt, dass sich die Zuschauer verwundert die Augen rieben. Federer gelang fast nichts, González so gut wie alles. Dann schlug Federer mit der Präzision und Nervenstärke eines Champions zurück: Mit Beginn des zweiten Satzes hatte Federer aber sein Spiel stabilisiert. Unterliefen ihm im ersten Durchgang 18 unerzwungene Fehler, waren es in den folgenden drei Sätzen nur noch insgesamt zehn. González war zwischenzeitlich derartig vom immer perfekteren Spiel des Schweizers frustriert, dass er zu Beginn des dritten Satzes seinen Schläger zerhackte. Eine Chance aber hatte er nicht mehr.

Alles lauerte auf den Höhepunkt der Sandplatz-Saison, den Klassiker Federer gegen Nadal. Erst zum zweiten Mal nach den Final-Klassikern Boris Becker gegen Stefan Edberg in Wimbledon (1988, 1989, 1990) erlebte ein Grand-Slam-Turnier dreimal nacheinander die gleichen Final-Protagonisten. Es war ein Choc, wie die Pariser sagen, die Mutter aller Duelle, spannend und emotional.

Federer allerdings erlebte einen Schock und kassierte seine schlimmste Final-Pleite - 1:6, 3:6, 0:6. Gleich im ersten Spiel nahm der Linkshänder aus Mallorca seinem Dauerrivalen den Aufschlag ab, nach 32 Minuten war Durchgang eins beendet. Federer gelang in seinem 15. Grand-Slam-Finale einfach nichts: Stoppbälle zu kurz, Vorhandschläge zu unpräzise und Angriffe ans Netz zu unkontrolliert.

Nadal musste nicht einmal sein bestes Spiel zeigen, um diesen desolaten Roger Federer in die Knie zu zwingen. Eine Demütigung. So deutlich war ein Finale in Paris seit 31 Jahren nicht mehr entschieden worden. Nadal schien mehr und mehr zum Angstgegner von Federer geworden zu sein. Boris Becker sprach gar von einem „Komplex" des Schweizers. In diesem Jahr hatte Federer bereits vier Mal gegen den Spanier verloren.

Nach dem Triumph in Paris war klar, dass Rafael Nadal den Champ auch auf Rasen angreifen würde, wo Federer seit 2002 nicht mehr verloren hatte. Dass mit dem Spanier auch in Wimbledon zu rechnen war, hatte er in der Woche vor Wimbledon bewiesen. Im Londoner Queens Club gewann er sein erstes Rasenturnier.

In Wimbledon lauerte natürlich alles auf ein Finale zwischen Federer und Nadal. Und die beiden taten den Zuschauern den Gefallen. Nadal legte einen Blitzstart hin, sicherte sich die ersten beiden Sätze. Ganz klar, dass Federer angesichts der vielen Niederlagen gegen den Spanier nervös war und nicht sein bestes Tennis zeigen konnte. Als es im dritten Satz eng wurde, kam Federer ein Regenguss zu Hilfe, das Match wurde für eine Stunde unterbrochen. Danach glich Federer aus. Die Partie musste schließlich in den fünften Satz. Es regnete wieder, und um 21.16 Uhr britischer Zeit, die Sonne an der Church Road war schon fast untergegangen, schlug Nadal zu seinem vierten Matchball auf. Federer haute die Vorhand ins Netz. Der fünffache Sieger war entthront.

Nadal sank vor Freude zu Boden. Im Blitzlicht der Fotoapparate erstrahlte er als neuer König von Wimbledon. Der Spanier kletterte auf die Tribüne, umarmte seine Familie und spazierte hinüber zur Royal Box. Dort begrüßte er den spanischen Kronprinzen Felipe und dessen Frau Letizia, die vor einer Woche schon den EM-Titel im Fußball für ihr Land bejubelt hatten.

„Das war das beste Match aller Zeiten", schwärmte John McEnroe. Da Nadal Federer jetzt nicht nur regelmäßig auf Sand, sondern auch erstmalig auf Gras schlug, verlor Federer anscheinend auch seine letzte Bastion, den heiligen Rasen, an seinen schärfsten Rivalen. Als seine schlimmste Niederlage bezeichnete der Schweizer das famose Match.

Die Niederlage wurde von vielen Experten als Umkehr der Machtverhältnisse im Tennis interpretiert. Etwas voreilig, wie sich später herausstellen sollte, denn der Spanier musste seinem sportlichen Aufstieg mit Verletzungen Tribut zollen. Und Federer kam zurück.

Björn Borg, der Wimbledon fünfmal in Folge gewonnen hatte, war Zeuge von Federers Niederlage. Er selbst hatte seine letzte Pleite in Wimbledon, im Finale 1981 gegen John McEnroe, nicht verkraftet: Auf dem heiligen Rasen trat er nie wieder an, zog sich mit 26 Jahren vom Profisport zurück. Er hatte den Spaß am Tennis verloren. Drogen- und Selbstmordgerüchte machten die Runde.

Doch nicht Federer. Auch die Belgierin Justine Henin nahm er sich nicht zum Vorbild. Henin hatte das Frauentennis dominiert, 2007 in Paris und New York gewonnen. Doch 2008 erlitt sie bittere Niederlagen. Ihr fehle die nötige Motivation, sagte sie und trat vom aktiven Sport zurück (später ein Comeback). Auch Federer hatte im Grunde alles erreicht. Aber mit 26 Jahren war er eigentlich noch viel zu jung für einen Rücktritt. Zwei Ziele hatte er zumindest noch vor Augen: für sein Land Olympiasieger werden, und den Grand-Slam-Turnierrekord von Pete Sampras brechen. Dafür fehlten Federer aber noch zwei Titel.

Bis zum August 2008 war er 237 Wochen in Folge die Nummer Eins gewesen. Damit brach er den bisherigen Rekord von Jimmy Connors (160 Wochen) um Längen. Rafael Nadal hatte ihn zweieinhalb Jahre als Nummer Zwei begleitet. Jetzt vollzog sich der Rollentausch. Federer machte erstmal eine längere Turnierpause und legte danach eine sauschlechte Vorbereitung auf die US Open hin, scheiterte in Montreal in Runde 2 am Franzosen Gilles Simon, eine Woche später in Cincinnati in Runde 3 am kroatischen Hünen und Aufschlagwunder Ivo Karlovic.

Das Seuchenjahr setzte sich auch bei den Olympischen Spielen fort. Ein Olympiasieg hätte das Jahr gerettet und wäre der erste große Sieg in diesem Jahr überhaupt gewesen. Bereits zum zweiten Mal durfte Federer bei der Eröffnungsfeier die Schweizer Mannschaft anführen und die Fahne tragen.

Federer fühlte sich wohl in Peking. Wenn andere reklamierten (beispielsweise Lleyton Hewitt nach der Niederlage gegen Rafael Nadal) und über das ungewohnte Verhalten der chinesischen Zuschauer klagten, sprach der Schweizer von einer einmaligen Erfahrung, die er genieße: Die andere Kultur sei spürbar, das habe er gern.

Umso überraschender, dass Federer bereits im Viertelfinale seinen Traum von einer Medaille im Einzel begraben musste. Gegen seinen Gegner James Blake hatte Federer in acht Vergleichen bisher überhaupt nur einen Satz abgegeben. Federer gelang es aber dieses Mal zu keiner Zeit, seine hohe Fehlerquote einzudämmen und verkrampfte mehr und mehr. Im zweiten Durchgang schien die Entscheidung schon gefallen zu sein, als der kahlköpfige Blake mit 3:0 davonzog. Doch Federer schaffte den Ausgleich und puschte sich in ungewöhnlich lauter Manier. „Come on", hallte es immer wieder durch die Arena, doch der Erfolg blieb aus.

Federer flüchtete mit hängendem Kopf nach nur 91 Minuten vom Hartplatz in die Kabine. Der sympathische Blake konnte mitfühlen: „Es ist unglücklich für ihn. Aber ich kann meinen Kindern und Enkeln eines Tages davon erzählen, dass ich den besten Spieler der Welt geschlagen habe." Olympiagold holte wenig später ausgerechnet Federers größter Rivale Rafael Nadal. Die einzige Hoffnung des Schweizers war nun das olympische Doppel mit seinem Landsmann Stanislas Wawrinka.

Das an Nummer Vier gesetzte Duo Federer/Wawrinka harmonierte im Verlaufe des Turniers immer besser miteinander. Erstaunlich war vor allem die Wandlung Wawrinkas. In den ersten beiden Partien war er der deutlich schwächere Spieler gewesen, reifte aber an der Seite Federers innerhalb kürzester Frist zu einem Klasse-Doppelspieler heran. Bis zum Halbfinale gab das Schweizer Duo keinen Satz ab.

Dann lauerte aber ein schwerer Brocken: die amerikanischen Brüder Bob und Mike Bryan, die besten Doppelspieler jener Tage. Wie aus Schweizer Sicht erhofft, entschieden wenige Punkte über die Partie. Bis in den Tiebreak hatten die Bryans drei Breakbälle gehabt, die Schweizer keinen. Und auch im Tiebreak hatten die Amerikaner den ersten Vorteil: Wawrinka wehrte aber bei 5:6 den Satzball mit einem Servicewinner beim zweiten Aufschlag ab. Zwei Punkte später überraschte er Bob Bryan mit einem Longline-Return, der den Satzgewinn brachte. Das entscheidende Break im zweiten Satz zum 4:3 gelang mit Hilfe des Netzbands bei einem Passierball Wawrinkas. Das Glück hatten sich die Schweizer aber verdient.

Im Finale wartete eine leichtere Aufgabe, ein schwedisches Doppel, sodass der Gewinn der Silbermedaille schon eine große Enttäuschung gewesen wäre. Der schon 34-jährige Simon Aspelin war zwar ein guter Doppelspieler und die Nummer 9 der Welt. Einzel hatte er aber seit dem Jahr 2000 keine mehr bestritten. Sein bestes Ranking war ein 436. Platz. Partner Thomas Johansson hatte hingegen, im Jahr 2002, schon einmal ein Grand-Slam-Turnier (Melbourne) gewonnen, war aber auch schon 33-jährig.

Die beiden Schweizer konzentrierten sich meist auf den schwächeren der beiden Schweden, Aspelin, und nahmen diesem je einmal pro Satz den Aufschlag ab. Nach dem verdienten 6:3, 6:4, 6:7 (4:7), 6:3-Finalsieg umarmten sich die beiden Schweizer vor Freude und wälzten sich nach einem kurzen Tänzchen auf dem Hartplatz. Nach dem Gold von Fabian Cancellara im Zeitfahren konnte die Schweizer Delegation damit ihre zweite Goldmedaille feiern. Für den Schweizer Tennissport war dies der zweite Olympiasieg nach Marc Rosset 1992 in Barcelona im Einzelturnier.

Bei den US Open zeigte Roger Federer wieder sein bestes Tennis. Warum nicht auch bei Olympia? Das Finale wurde erstmals seit 1987 wieder an einem Montag ausgetragen, weil Andy Murrays Halbfinale gegen den Weltranglisten-Ersten Rafael Nadal wegen Regens erst am Sonntag beendet werden konnte. Federer war dagegen noch am Samstag fertig geworden und hatte anders als sein Finalgegner 48 Stunden Pause. Drei Mal waren die beiden bislang aufeinander getroffen, und nur einmal hatte Federer gewinnen können.

Es gab ein Finale, in dem sich die beiden Stars durch alle Höhen und Tiefen fighteten, von Tiefschlägen erholten, grandiose Chancen ausließen, unvermutete Aufholjagden startete, wieder in Rückstand gerieten. Nach ausgeglichenem Start holte sich Federer sechs Spiele in Folge, verbuchte dabei den Gewinn des ersten Satzes und lag auch im zweiten Durchgang schon 2:0 vorn. Routine also. Völlig unerwartet verlor der Titelverteidiger danach erstmals seinen Aufschlag. Murray fand besser in die Partie und konnte Federer ab und an auch unter Druck setzen. Zudem schlug der Titelverteidiger zwischenzeitlich nicht mehr so stark auf und produzierte auch mehr Fehler. Die Entscheidung in der Partie fiel am Ende des zweiten Satzes. Bei einer 6:5-Führung setzte Federer den künftigen Weltranglisten-Vierten unter Druck und holte sich im Vorwärtsgang gleich mit der ersten Chance auch diesen Satz. Daran knüpfte er mit einer 5:0-Führung im dritten Durchgang an und beendete die Partie nach 1:51 Stunden mit seinem zweiten Matchball.

Murray verpasste in seinem ersten Grand-Slam-Finale den ersten britischen Herren-Triumph bei einem der vier wichtigsten Turniere seit 1936. Als erster Spieler seit 84 Jahren hatte Federer zum fünften Mal nacheinander die US Open gewonnen. Zuletzt hatte der Amerikaner Bill Tilden 1924 einen „Fünferpack" bei den US Open gefeiert, ein Jahr später sogar noch einen sechsten Titel in Folge errungen. Die Einstellung dieses Rekords lag im nächsten Jahr in Federers Händen.

Seit ihn Nadal im Sommer 2008 in Wimbledon besiegt und vom ersten Platz der Weltrangliste verdrängt hatte, schien Roger Federer aus dem Gleichgewicht geraten zu sein: Niederlage bei den Olympischen Spielen, Sieg in New York, Niederlage bei der Tennis-Weltmeisterschaft.

Die Matches, in denen er sein berühmtes Zaubertennis spielt, waren seltener geworden. Manchmal wirkte er gehemmt. In wichtigen Momenten segelten Vorhandbälle ins Aus, die gefürchtete Rückhand war häufig ungefährlich. Manchmal bewegte sich der 27-Jährige, der nun schon seit elf Jahren Tennisprofi war, zu langsam. Der entscheidende Unterschied zum Vorjahr lag aber woanders: Die Qualität im Herrentennis war deutlich gestiegen, die Weltspitze größer geworden. Statt ein oder zwei Spieler kämpften ein Dutzend junger Tennisprofis um die großen Titel. Aufsteiger wie der Franzose Gilles Simon, der Schotte Andy Murray oder Novak Djokovic aus Serbien drängen mit aller Kraft nach oben. Alle drei hatten Federer im Jahr 2008 mindestens einmal besiegt. Besonders gegen Andy Murray hatte Federer zuletzt keine gute Figur gemacht.

Beim Saisonfinale in Schanghai scheiterte Roger Federer vor allem deshalb erstmals in den Gruppenspielen, weil ihn Rückenprobleme behinderten (der Rücken hatte schon beim Turnier in Paris Ende Oktober sein Spielen verhindert) und überdies eine Grippe schwächte. Damit fand eine verkorkste Saison ihren Abschluss.

Rafael Nadal war der neue strahlende Held, hatte er doch 2008 neben Melbourne, Paris und Wimbledon auch das Olympiaturnier in Peking gewonnen. Er schien sich aufzumachen, das internationale Tennis ähnlich zu dominieren wie zuletzt der Basler. Das Jahr 2009 würde zeigen, ob die Ära Federer vorbei war.

Es war klar, welches Ziel der Schweizer sich für das Jahr 2009 setzte: Er musste wieder die Nummer Eins werden. Und er wollte unbedingt seinen ersten Grand-Slam-Titel auf Sand gewinnen. Paris sei eine seiner großen Herausforderungen, sagte der ehemalige Weltranglisten-Erste und stemmte sich vehement gegen das Vorurteil, er könne nicht auf Sand gewinnen. Das sei absurd.

Bei den Australian Open erteilte Roger Federer dem jungen Argentinier Juan Del Potro eine Lehrstunde. Del Potro lernte allerdings seine Lektion und schlug bei den US

Open zurück. Mit einem Sieg am Sonntag gegen seinen größten Rivalen, Rafael Nadal, hätte der Schweizer endgültig zum erfolgreichsten Tennisspieler aller Zeiten werden können. Es wäre sein vierzehnter Triumph bei einem Grand-Slam-Turnier gewesen. Damit hätte er den Amerikaner Pete Sampras als ewigen Rekordhalter eingeholt. Aber seit vierzehn Monaten hatte Federer gegen den neuen Weltranglistenersten nicht mehr gewonnen. Und es sah nicht danach aus, als würde sich das am Sonntag ändern. Nadal war bisher problemlos durch das Turnier marschiert, nur im Halbfinale hatte er fünf Sätze spielen müssen. Seinen Gegnern zwang der durchtrainierte Spanier ein Katz-und-Maus-Spiel auf. Fast jeden Ball brachte Nadal zurück über das Netz. Und selbst wenn er drei Meter neben das Spielfeld gedrängt wurde, knallte er dem Gegner unerreichbare Gewinnschläge ins Feld. Es war klar: Nadal befand sich auf dem Höhepunkt seines Könnens.

Das Finale zwischen Federer und Nadal wurde ein epochales Match mit Weltklasse-Tennis und spektakulären Ballwechseln. Obwohl Nadal zwei Tage zuvor noch fünf Stunden und 14 Minuten im längsten Match der Australian-Open-Geschichte gegen seinen Landsmann Fernando Verdasco auf dem Platz gestanden hatte und sich mehrmals am rechten Oberschenkel behandeln lassen musste, hatte der Spanier am Ende mehr Kraft. Und das zeigte sich auch in jener spielentscheidenden Phase im dritten Satz, als der angeschlagene Nadal sechs Breakbälle gegen sich hatte. Drei beim 4:4, drei weitere beim 5:5. Aber Federer setzte nicht entschlossen nach, spielte ohne die erforderliche Aggressivität. Federer wusste: Nadal wird nicht in fünf Sätzen gewinnen, er wird keine Aufholjagd mehr starten können. Aber dieses Wissen machte den Schweizer nicht stark, sondern schwach. Im fünften Satz gelang Nadal das Break zum 3:1. Bei seinem dritten Matchball landete eine Vorhand Federers im Aus.

„Ein derart physisches Spiel habe ich noch nie miterlebt“, sagte der Amerikaner Jim Courier, einst die Nummer eins und wohl auch der fitteste Spieler auf der Tour, „diese Burschen sind der reinste Wahnsinn.“ Mit dem 7:5, 3:6, 7:6 (7:3), 3:6, 6:2 über seinen großen Rivalen gewann der Spanier nach 4:22 Stunden Spielzeit seinen ersten Grand-Slam-Titel auf einem Hartplatz. Mit seinen gerade 22 Jahren strich er schon den sechsten Grand-Slam-Titel seiner Karriere ein – nur der Schwede Björn Borg war in seiner Glanzzeit schneller und zupackender bei der Trophäenjagd gewesen.

Nadals Bilanz gegen Federer lag jetzt bei 13:6 Siegen. Die Wachablösung im Herrentennis schien perfekt. Bei der anschließenden Siegerehrung versagte Federer zunächst die Stimme, er musste mit den Tränen kämpfen. Als ihn ein Weinkrampf schüttelte, stellte sich Nadal zu ihm, umarmte ihn und schließlich schritt Federer doch noch ans Mikrofon. Er gratulierte in einer emotionalen Ansprache Nadal zu seiner Leistung. Nadal gab das Lob zurück und lobte Federer als einen der größten Spieler aller Zeiten. Aber nicht als *den* größten. Der Spanier hatte nach den French Open in Paris und Wimbledon nun drei der letzten vier Grand-Slam-Turniere für sich entschieden und auch bei Olympia in Peking gewonnen.

Große Probleme hatte der 13-malige Grand-Slam-Sieger wenige Tage nach seiner Hochzeit beim Start in die Sandplatz-Saison. In Monte Carlo verlor er ausgerechnet im

Schweizer Duell mit seinem Freund und Doppelpartner Stanislas Wawrinka.

Wenig deutete darauf hin, dass Federer bei seinem elften Anlauf in Paris nach fünf Wimbledon-, fünf US-Open- und drei Australian-Open-Triumphen endlich seinen ersten Triumph auf Sand feiern würde. Auch wenn er Rafael Nadal kurz zuvor ausgerechnet in Madrid im Finale besiegt und dessen Serie von 33 Siegen auf Sand beendet hatte. Wieder einmal profitierte Federer von der physischen Erschöpfung des Spaniers, der im Halbfinale in einem mehr als vierstündigen Krimi Novak Djokovic niedergerungen und drei Matchbälle abgewehrt hatte. Die Erkenntnis daraus war, dass Nadal vermutlich – auch wegen Knieproblemen – nicht topfit in die French Open gehen würde.

Tatsächlich musste Rafael Nadal eine fast schon historische Niederlage gegen den Schweden Robin Söderling einstecken. Damit war der Weg für Federer aber nicht automatisch frei, wie der mühsame Weg ins Endspiel mit zwei Fünf-Satz-Thrillern offenbarte. Zum Beispiel gegen Tommy Haas. Der führte im Achtelfinale 2:0 nach Sätzen, hatte im dritten Satz sogar Breakball zum 5:4, bis eine tolle Inside-Out-Vorhand von Federer die Entscheidung hinauszögerte. Der Basler wurde nach dem Match gar philosophisch und behauptete, der Glaube habe in Paris den Unterschied gemacht, worauf sein Kumpel Haas ein bisschen ungläubig schaute: „Gut, dass er daran geglaubt hat, denn dieser Ball war schrecklich, schrecklich eng. Wenn er den nicht gemacht hätte, hätte ich fürs Match serviert." So aber klatschte der Ball auf die Linie und das Match kippte. Haas ließ mental für eine Sekunde nach. Wenn das gegen Federer passiert, so Haas, „springt er auf dich rauf wie kein anderer Spieler."

Finale gegen Robin Söderling. In den drei Jahren zuvor hatte Federer gegen Nadal verloren. Hatte teilweise brillantes Sandplatztennis gezeigt. Wenn er dies heute wiederholen könnte, wäre ihm der lang ersehnte Titel nicht zu nehmen.

Und auch an diesem Tag hatte er die meisten der 15.000 Zuschauer in Paris auf seiner Seite. Als Federer um 15.03 Uhr den Court Philippe Chatrier betrat, lag eine Stimmung in der Luft, die schwer zu fassen war. Die einen sehnten still und ehrfürchtig diesen magischen Moment herbei, die anderen feierten den Schweizer mit „Allez, Roger"-Rufen und „Roger, Roger"-Sprechchören bereits wie einen Champion. Als exakt zehn Minuten später eine Rückhand Söderlings im Aus gelandet und Federer das 15:0 gelungen war, jubelten die Menschen wie nach dem Matchball.

Es wurde kein spannendes Match. Dafür war Federer zu überlegen, zu konstant und zu elegant. Und dafür war vor allem Söderling zu schwach. Seine gefürchteten Aufschläge kamen selten. Wenn sich einmal ein längerer Ballwechsel entwickelte, machte der 24 Jahre alte Schwede am Ende den Fehler. Nach nur 23 Minuten ballte Federer beim Satzgewinn kurz die Faust.

Die größte Schrecksekunde in dem einseitigen Endspiel erlebten Federer und seine hochschwangere Frau Mirka auf der Tribüne zu Beginn des zweiten Satzes. Plötzlich stürmte ein Flitzer mit FC-Barcelona-Fahne in der Hand auf den Platz und versuchte, dem verdutzten Federer eine rote Mütze auf den Kopf zu setzen. Der zuckte nur kurz zusammen und schubste den Verrückten dann zur Seite. Nach einem Sprung übers Netz wurde der Mann von Sicherheitsleuten überwältigt und vom Platz getragen. Federer blickte zu seiner Frau, zupfte sich das Stirnband zurecht und konnte sogar schon wieder lächeln. Das anschließende Aufschlagspiel Söderlings verlor er zwar zu null, nach „Roger, Roger"-Aufmunterungs-Rufen war er aber sofort zurück in der Spur.

Der zweite Satz war der Schlüssel. Federer spielte einen der besten Tiebreaks seiner Karriere – mit vier Assen. Als sich um 17.08 Uhr endlich der Tennis-Himmel öffnete, sank Federer auf die Knie, küsste die rote Erde und hielt die Tränen nicht mehr zurück. Der 14. Grand-Slam-Titel war seiner.

Fünf Spieler gab es bisher in der Tennis-Geschichte, die bei allen Grand-Slam-Turnieren gewinnen konnten. Vor Federer war dies nur Andre Agassi, Donald Budge, Roy Emerson, Rod Laver und Fred Perry gelungen. Mit seinem ersten Triumph bei den French Open hatte sich der 27 Jahre alte Schweizer endgültig auf Seite eins im großen Buch der Tennis-Geschichte eingeschrieben. Das sei sein vielleicht größter Sieg, der Druck sei endlich weg, sagte Federer nach dem sporthistorischen Augenblick.

Von einer Wende im Duell mit Rafael Nadal konnte kaum die Rede sein, war es doch diesmal nicht zum Showdown zwischen den beiden gekommen. Die Tennisfans konnten noch auf Wimbledon hoffen, aber nicht sehr lange. Kurz vor Turnierbeginn kam die Nachricht, dass Nadal aufgrund seiner Knieverletzung nicht würde antreten können. Die jahrelangen Belastungen durch sein extrem kraftvolles Spiel forderten ihren Tribut. Zehn Wochen musste Nadal in diesem Sommer pausieren und man fragte sich, ob der Spanier seinen sportlichen Höhepunkt nicht schon überschritten hatte. War sein Körper schon zu diesem frühen Zeitpunkt in der Karriere an die Grenzen seiner Möglichkeiten gekommen? Ein bekannter Sportarzt bezeichnete die Probleme des

Mallorquiners nicht als Verletzung, sondern als Krankheit. Nach seiner Argumentation sind gewisse Sehnen überbeansprucht; sie können in Training und Spiel nicht mehr die gewünschte Leistung und Funktion erbringen. Asymmetrische Bewegungen können die Folge sein.

Also war der Weg zum Triumph auf Rasen für Roger Federer frei. Im Halbfinale gelang ihm ein Drei-Satz-Sieg über seinen Freund Tommy Haas (Haas' Partnerin Sara Foster ist mit Federers Frau Mirka befreundet), der damit seit 2002 auf einen Erfolg gegen den Schweizer wartete. Doch ganz so glatt, wie das Ergebnis glauben machen will, lief das Match nicht ab. Allzu oft würde Haas, der sein Riesenpotenzial aufgrund vieler Verletzungen und einer gewissen Überheblichkeit nie voll hatte ausschöpfen können, nicht mehr die Gelegenheit bekommen, seinen ersten Grand-Slam-Titel zu gewinnen. Dass er es in diesem Jahr ernst meinte, hatte Novak Djokovic im Viertelfinale erleben müssen. Und nun sollte Federer dran glauben.

Prächtig aufschlagend, bot Haas Federer lange Zeit Paroli. Schließlich hatte er zehn Matches in Folge auf Rasen gewonnen. Im Tie-Break des ersten Satzes dann die Entscheidung: Federer nahm seinem Gegenüber eiskalt beide Aufschläge zum 6:3 ab. Der erste Satz war weg. Früher hätte Haas mit seinem Schicksal gehadert, gezetert und die Bälle im Rest des Matches reihenweise ins Aus geballert. Doch diesmal suchte er bis zuletzt seine Chance und kämpfte zäh um jeden Punkt. Es nützte alles nichts, denn Federer war nicht aus der Ruhe zu bringen.

Der Basler stand wieder im Finale und hatte bis dahin nur einen einzigen Satz abgegeben, nämlich gegen den

Deutschen Kohlschreiber. Er hatte wieder das Selbstvertrauen früherer Jahre, diesen unerschütterlichen Glauben an seine eigenen Stärken, den ihm Rafael Nadal genommen hatte.

Das Finale brauchte den Vergleich mit dem Vorjahresklassiker nicht zu scheuen und wurde sogar das wohl dramatischste Match der Wimbledon-Geschichte. Gegner Andy Roddick setzte dem Schweizer vor allem mit seinen harten Aufschlägen unter Druck. Es war ganz anders als gegen Rafa. Der spielt von der Grundlinie und man weiß, was auf einen zukommt. Doch diesmal war es ein Spiel von Aufschlag und Return. Die beiden Kontrahenten knallten sich insgesamt 77 Asse um die Ohren. Federer lag dabei mit 50 direkt verwandelten Aufschlägen deutlich im Plus.

Der Schweizer tat angesichts der bärenstarken Leistung von Roddick äußerlich unbeeindruckt – aber in ihm begann es zu brodeln. Die starke Gegenwehr hatte er so nicht erwartet. Zu lässig vergab er im ersten Satz beim Stand von 5:5 gleich vier Breakbälle und verlor danach sogar seinen Aufschlag. War die überraschende Ankunft von Pete Sampras daran schuld? Er kam ein bisschen spät und es habe ihn tatsächlich nervös gemacht, bekannte Federer später. Was er dann mitten im Spiel tat, fand Federer später selbst kurios: Er sagte „Hallo“, weil er nicht unhöflich sein wollte.

Dass nicht schon im zweiten Satz alles aus und vorbei war, als Federer im Tiebreak 2:6 hinten lag, ist kaum zu erklären. „Da hat Andy das Match verloren“, urteilte Boris Becker. Zwar entschied Federer danach die folgenden zwei Sätze jeweils im Tie-Break für sich, aber er konnte den Sack nicht zumachen, weil Roddick in diesem Jahr nicht aufgab. Er glich zum 2:2 aus, musste sich dann aber nach dem längsten Satz der Turniergeschichte doch noch geschlagen geben.

Am Ende gewann Federer nach 4 Stunden und 16 Minuten mit 5:7, 7:6 (8:6), 7:6 (7:5), 3:6 und 16:14. Danach brach der 26-jährige Roddick in Tränen aus. Nie war er in Wimbledon einem Sieg über seinen ewigen Bezwinger so nahe gewesen. Trotzdem zeigte er sich bei der Siegerehrung als guter Verlierer. „Glückwunsch, Roger“, sagte er. „Du hast es verdient, du bist ein großer Champion.“

Der Wimbledonsieg 2009 war der sechste und schon deshalb etwas ganz Besonderes, weil Federer damit zum erfolgreichsten Tennisprofi aller Zeiten avancierte. Keiner hatte jemals mehr Grand-Slam-Siege errungen. Als erster Tennisprofi überhaupt hatte Federer jetzt 15 Grand-Slam-Titel auf seinem Konto und damit Pete Sampras überholt. „Roger hat es verdient. Er ist bereit, Opfer zu bringen und ist ein wirklich großer Champion", kommentierte Sampras den Triumph des Schweizers.

Die Krönung für Federer: Endlich war er wieder Weltranglistenerster. Rivale und Titelverteidiger Nadal hatte einfach zu viele Punkte verloren, weil er in diesem Jahr nicht angetreten war.

Kuriose Begleiterscheinung: Michael Ballack hat sein Formtief im FC Chelsea mit Hilfe von Roger Federer überwunden. Es sei unglaublich gewesen zu sehen, wie sich Federer nach einer für ihn ebenfalls schwierigen Saison in Wimbledon an die Spitze der Weltrangliste zurückgekämpft habe, sagte der Kapitän des DFB-Teams der Zeitung *Evening Standard*. Diesen Sieg Roger Federers, bei dem er im Juli live dabei gewesen sei, bezeichnete Ballack als Auslöser für seine Formsteigerung. Es sei immer gut, von anderen Sportarten zu lernen und zu sehen, wie andere mit schwierigen Situationen umgingen. Ballack hatte in der vergangenen Saison für den FC Chelsea lediglich ein Tor erzielt und musste dafür teilweise heftige Kritik einstecken. In sieben Spielen der laufenden Saison war er hingegen bereits drei Mal erfolgreich.

Nur wenige Spieler waren die Nummer 1 der Weltrangliste und hatten gleichzeitig Kinder: Etwa Agassi, Lendl,

Connors, alle am Ende ihrer Regentschaft. Beschäftigt sei er natürlich, so Federer: „Wir müssen Windeln wechseln, wir knuddeln die Mädchen, denn das brauchen sie, sie brauchen viel Liebe". Er habe erwartet, nun weniger ans Tennis zu denken. Das Gegenteil sei passiert: „Ich bin motivierter." Zwei Wochen nach der Geburt Ende Juli reisten die Mädchen bereits mit in die USA.

Kaum jemand zweifelte jetzt daran, dass Federer bei den US Open den dritten Grand-Slam-Titel des Jahres holen würde. Dann wäre es der bisher beste Sommer seines Lebens geworden. Das Vorbereitungsturnier in Cincinnati gewann er souverän wie eh und je und besiegte dabei locker die US-Open-Mitfavoriten Andy Murray (nach zuletzt vier Niederlagen in Folge) und Novak Djokovic. „Ich glaube nicht, dass die Geburt der beiden Mädchen einen bremsenden Effekt für mich hat", sagte Federer, der an seinen freien Tagen sogar die Zeit fand, mit seiner Familie durch New York zu flanieren.

Alle 16 Topgesetzten erreichten bei den US Open Runde drei, und auch dort war die einzige wirkliche Überraschung die Niederlage des Wimbledonfinalisten Andy Roddick gegen seinen US-amerikanischen Landsmann John Isner, der als einziger ungesetzter Spieler das Achtelfinale erreichte. Im Viertelfinale geriet Federer gegen Söderling ins Schlingern. Eine Stunde lang hatten die Zuschauer im böigen Wind des Abends Traumtennis von Federer gesehen, doch je länger das Viertelfinalspiel dauerte, desto stärker wurde Söderling. Als der Schwede im Tie-Break den dritten Satz gewann, wurde die Sache kompliziert. Federer schien sich auf einer an immer mehr Stellen aufbrechenden Eisfläche zu bewegen. Es knackte gewaltig. Doch mit der in Hunderten von Spielen gewonnenen Klasse und Sicherheit erreichte Federer das Ufer, ehe ihm der zuletzt wild entschlossene Söderling noch mehr Ärger bereiten konnte.

Der Sieg gegen Söderling war Nummer 39 in Folge in Flushing Meadows, doch damit war die Arbeit noch nicht erledigt. Zum 22. Mal in Folge stand Federer in einem Grand-Slam-Halbfinale. Sein Gegner Novak Djokovic machte dann auch Komplimente: „Ich glaube nicht, dass man jemals im Spiel Perfektion erlangen kann – außer, man heißt Federer.“ Solche Komplimente reduzieren den Druck, kosten nichts und kommen gut an. Die Neuauflage des Finals von 2007 verlief ähnlich wie damals. Djokovic hatte wie im Jahr 2007, als er insgesamt sieben Satzbälle nicht nutzen konnte, seine Chancen, stand aber vor dem dritten Durchgang erneut mit leeren Händen da, sprich einem 0:2-Satzrückstand. Den Punkt des Turniers spielte Federer aber kurz zuvor, als er einen Passierball zwischen den Beinen derart schnell an Djokovic vorbeispielte, dass diesem nur noch das Staunen blieb.

Ein weiteres Traumfinale gegen Nadal winkte. Doch der Spanier ging im Halbfinale unter. Gegen Juan del Potro gab es eine 2:6,2:6,2:6-Klatsche. Del Potro prügelte von der Grundlinie derart auf die Bälle ein, dass sein Gegner dem kaum etwas entgegenzusetzen hatte. Erschwerend kam für Nadal hinzu, dass er wegen einer Bauchmuskelzerrung nicht wie gewohnt aufschlagen konnte und deshalb schon zu Beginn eines Ballwechsels meistens im Hintertreffen war. Nach der zehnwöchigen Pause war Nadal noch nicht der Alte. Auf Fragen nach seiner körperlichen Verfassung reagierte er ärgerlich. Und er litt offensichtlich unter der Trennung seiner Eltern.

Journalisten unkten jetzt, dass Federer nur noch die Windeln seiner Zwillinge würden stoppen können. Es sollte der sechste Sieg in Folge in New York werden. Del Potro hatte er bei den Australian Open vom Platz gefegt. Für seinen zwanzigjährigen Gegner war es zudem das erste Grand-Slam-Finale. Und so spielte er auch.

Keiner hätte es zu diesem Zeitpunkt für möglich gehalten, dass der Argentinier am Ende den Platz als Sieger verlassen könnte. Aber der glatte Sieg gegen Nadal war kein Zufall gewesen. Die Wende im Spiel zeigte, was aus Tennis einen aufregenden Sport macht. Das Spiel ist erst mit dem verwandelten Machtball zu Ende – und nicht nach neunzig Minuten wie beim Fußball. Im Arthur-Ashe-Kessel hat der angespannte, phasenweise leicht gereizte Federer weder versagt noch enttäuscht. Es entwickelte sich ein typischer Fünf-Satz-Krimi zwischen zwei gleichwertigen Gegnern, in dem ein paar wenige Big Points über Sieg und Niederlage entscheiden. Der fünfte Satz erinnerte verflixt an Melbourne im Januar, wo ein physisch nachlassender Federer ohne sicheren ersten Aufschlag den letzten Satz gegen Nadal ebenfalls 2:6 abgegeben hatte.

Gegen Del Potro zog Federer erstmals nach 124 Partien (!) auf Grand-Slam-Niveau im Einzel den Kürzeren gegen einen Gegner, der nicht in den Top Five rangierte. 1,6 Millionen Dollar Preisgeld waren der Lohn. Als erster Nicht-Europäer seit 2004 holte sich del Potro die Krone bei einem Grand-Slam-Turnier. Damals hatte sein Landsmann Gaston Gaudio bei den French Open gesiegt. Wer nacheinander Nadal und Federer schlägt, der hat den Sieg mehr als verdient. Federer: „Er war heute besser und hat es verdient." Del Potro bedankte sich artig und wischte sich nach ein paar

Worten in seiner Muttersprache die Tränen aus den Augen. Für Federer war es die sechste Niederlage in einem Grand-Slam-Finale bei 15 Siegen. Immer noch eine super Bilanz, die ihm bisher nur einer verhagelt hatte: Rafael Nadal. Wird del Potro die Rolle Nadals übernehmen können?

Was war der Grund für den unerklärlichen Einbruch Federers? Warum hatte er die Sache nicht wie Wochen vorher in Paris locker gewonnen? Vielleicht findet sich die Erklärung doch in seinem Privatleben. Federer sprach in diesen Tagen viel über Windeln, mangelnden Schlaf und das neue Gefühl, zum ersten Mal als Vater von Zwillingstöchtern zu einem Grand-Slam-Turnier zu kommen. Die ständigen Fragen zu seinem privaten Glück schienen den Schweizer nicht zu stören: Seine familiären Umstände ließen ihn offensichtlich noch entspannter an die US Open herangehen, als er das ohnehin könnte. Der 28-Jährige wirkte ausgeglichener denn je: „Es geht doch nur darum, Spaß zu haben, gutes Tennis zu spielen und das vollgepackte Stadion zu genießen", sagte er. Ging die neue Lockerheit vielleicht auf Kosten der Spannung?

Im September half Federer wieder einmal seinem Davis-Cup-Team. Die Schweizer Tennis-Cracks wurden dann in Italien ihrer Favoritenrolle im Match um die Zugehörigkeit zur Weltgruppe auch gerecht und siegten 3:2. Allerdings wurde es spannend, nachdem das Schweizer Doppel mit Federer haushoch verloren hatte. Dem Doppel-Olympiasieger fehlte anscheinend die Matchpraxis und so spielte er auch. Aber Federer bereinigte mit seinem zweiten Einzelsieg gegen Potito Starace die Situation vorzeitig.

Beim Turnier in seiner Heimatstadt Basel verlor er jedoch das Finale gegen Novak Djokovic. In Paris verlor er in der ersten Runde gegen den Franzosen Julien Benneteau, der sich in einer Ranglistenregion bewegt (49), die den Basler im Normalfall kaum beunruhigt.

Und trotzdem zeigte sich Roger Federer mit der vergangenen Saison hochzufrieden. Gemessen an den Umständen war das Jahr 2009 möglicherweise sogar sein bestes: Viele hatten ihn nach der schwierigen letzten Saison, in der er, geschwächt durch eine Viruserkrankung und Rückenprobleme, den Wimbledon-Titel und die Weltranglistenführung an Rafael Nadal verlor, bereits abgeschrieben. Zum fünften Mal beendete Federer nun ein Tennisjahr als Weltranglisten-Erster. Erstmals Paris gewonnen, Wimbledon zurückerobert und Pete Sampras als Rekord-Grand-Slam-Sieger abgelöst.

Im Grunde ließ einen das Tennisjahr 2009 trotzdem ein bisschen ratlos zurück. Wer konnte fortan der größte Herausforderer für Federer sein? Djokovic, dessen Formkurve wieder steil aufwärts zeigt? Nadal? Seit Anfang Mai hatte er kein Turnier mehr gewonnen. In London wirkte der Spanier ausgelaugt und leer. Nadal ist aber mit erst 23 Jahren längst noch nicht abzuschreiben. Nicht wenige sehen in Del Potro Federers gefährlichsten Gegner für die Zukunft. Gegen ihn verlor Federer nach dem US-Open-Finale auch das letzte, wenn auch unbedeutende, Gruppenspiel bei der Tennis-WM. Seine Entwicklung ringt Federer Respekt ab: „Vor einem Jahr hat er noch mit 160 km/h serviert; jetzt schlägt er mit 220 auf." In Robin Söderling und Fernando Verdasco sind zwei Spieler in die Top Ten vorgestoßen, die vor einem Jahr kaum jemand auf der Rechnung hatte.

Die Weltspitze ist immer breiter geworden, was sich auch daran zeigte, dass Nikolai Dawidenko am Jahresende die Weltmeisterschaft in London gewann. Federer räumte am Samstag nach seiner Halbfinal-Niederlage gegen Dawidenko erstmals ein, zuletzt nicht mehr das beste Tennis gespielt zu haben. In London verlor er in allen Matches den ersten Satz; zweimal konnte er das noch korrigieren, zweimal nicht. Darum beendete er das Jahr mit zwei Niederlagen. Unwiderstehlich wie zu den besten Zeiten spielte Roger Federer 2009 nur selten. Er gewann bisweilen Spiele nur, weil er routinierter war als der Gegner.

Die Australian Open zu Beginn des Jahres 2010 ließen erst einmal nicht erkennen, dass Roger Federer von seinem Thron gestürzt werden könnte. Federer schaffte in Melbourne seinen 16. Grand-Slam-Turniersieg, den vierten in Australien nach 2004, 2006 und 2007. Nur Roy Emerson gewann die Australian Open häufiger (6 Mal). Das Finale gegen Andy Murray dauerte zwei Stunden und 41 Minuten und war viel umkämpfter, als der Drei-Satz-Sieg erahnen lässt. Die besten Chancen vergab Murray im dritten Satz, in dem er 5:2 führte. Die Dramatik gipfelte im Tiebreak, in dem Murray 6:4, 7:6, 9:8 und 11:10 führte und fünf Satzbälle ausließ. Federer besaß erste Matchbälle bei 8:7 und 10:9; beim zweiten erachtete er die Partie bereits als gewonnen und ließ einen harmlosen Ball passieren. Vier Ballwechsel später durfte Federer nach einem Fehler Murrays aber doch jubeln.

Eine Lungeninfektion zwang Roger Federer im Februar zu einer wochenlangen Pause. Das Projekt Titelverteidigung bei den French Open ging auch schief. Es setzte die erste Grand-Slam-Viertelfinalpleite seit sechs Jahren. In der

Neuauflage des letztjährigen Endspiels gegen Söderling auf dem Court Philippe Chatrier fand Federer überraschenderweise kein Mittel gegen die Aufschlagstärke des Schweden, der teilweise mit 227 km/h servierte. Die Sandplatzsaison musste Federer erstmals seit Jahren mit einer unbefriedigenden Bilanz beenden. Erst zum zweiten Mal in neun Jahren war er ohne einen einzigen Turniersieg auf der roten Asche nach Paris gereist. Und seit seinem vierten Coup bei den Australian Open in Melbourne Ende Januar wartete "Fed-Express" nun auf einen Erfolg.

Die Pleitenserie hielt an. Nach sieben Finalteilnahmen in Folge seit 2003 und dabei sechs Triumphen schied der Schweizer auch in Wimbledon überraschend im Viertelfinale aus. Der Titelverteidiger unterlag dem Tschechen Tomas Berdych mit 4:6, 6:3, 1:6, 4:6 und blieb damit bereits zum zweiten Mal hintereinander nach den French Open in der Runde der letzten Acht bei einem Grand-Slam-Turnier auf der Strecke. Schon in seinen Auftaktmatches gegen den Kolumbianer Alejandro Falla und den Serben Ilja Bozoljac hatte Federer erhebliche Mühe. In dem French-Open-Halbfinalisten Berdych hatte er nun allerdings einen Gegner von anderer Klasse vor sich, der die Unsicherheiten des 28-Jährigen erbarmungslos ausnutzte. Eine Verspannung im Rücken und Probleme mit dem rechten Oberschenkel hätten ihm seit dem Turnier in Halle/Westfalen zu schaffen gemacht, erklärte der 16-malige Grand-Slam-Champion. In der Weltrangliste fiel Federer nun auf Platz 3 hinter Djokovic zurück. Den Titel auf dem Rasen schnappte sich Rafael Nadal im Finale gegen den Federer-Bezwinger.

Auch bei den US Open triumphierte Nadal. Im Finale ließ er Djokovic keine Chance und gewann seinen neunten Grand Slam-Titel: Fünfmal gewann er Roland Garros, zweimal Wimbledon, einmal Australien. Er war der siebte Spieler in der Geschichte des Tennis, dem das Kunststück eines wahren Grand Slam gelang – nur Federer, Sampras, Emerson, Laver, Borg und Tilden hatten dies zuvor erreicht.

Und Roger Federer? Fast vier Stunden lang kämpfte er im Halbfinale mit Novak Djokovic. Federers Aufschlagquote war durchgehend mäßig, seine Anzahl der unerzwungenen Fehler mit 66 eklatant hoch. Er hatte Probleme mit dem aggressiven Spielkonzept seines Gegners. Aber vor allem war es eine Frage mangelnder Souveränität und vergebener Möglichkeiten. Viel zu leicht hatte Federer die Durchgänge zwei und vier verloren und Djokovic so neue Luft verschafft. Die Schlussphase des Matches elektrisierte das New Yorker Publikum, es wäre auch ein würdiges Finale gewesen. Federer kam beim Stand von 5:4 zu zwei Matchbällen, die er aber nicht nutzte. Schlimmer noch, er gab seinen eigenem Aufschlag postwendend nach einer 40:0-Führung ab. Seine Blicke wanderten hinauf zum Sitz seines neuen Trainers Paul Annacone, der sich mit dem Finger an die Schläfe klopfte. Das Signal war klar: Reine Kopfsache sei es, Federer solle nicht aufgeben. Doch hier war es allzu offensichtlich: Federers mentale Überlegenheit, die ihm den Nimbus der Unbezwingbarkeit mit verschafft hatte, hatte in dieser Saison arg gelitten. Für Federer war damit die letzte Chance vertan, sich in diesem Jahr nach den

Australian Open noch einen weiteren Grand-Slam-Titel zu sichern.

2010 war das Jahr des Rafael Nadal gewesen. Doch beim Saisonfinale, der Tennis-WM in London, zeigte Roger Federer im Finale gegen den Spanier, dass immer noch mit ihm zu rechnen war. Sieg in drei Sätzen. Es war eine Genugtuung für den Weltranglistenzweiten, schließlich hatten ihn viele nach seinem bitteren Viertelfinalaus in Wimbledon im Sommer bereits abgeschrieben. Zum neunten Mal hatte sich Federer für den Saisonhöhepunkt der acht besten Profis qualifiziert, mit seinem fünften Titel zog er nun mit Ivan Lendl und Pete Sampras gleich.

2011 sollte das Jahr des Novak Djokovic werden. Das bekam Roger Federer spätestens bei den Australian Open zu spüren, wo er nach 15 Siegen in Folge im Halbfinale auf den Serben traf und beinahe chancenlos blieb. Nach ausgeglichenem erstem Satz, den Djokovic im Tiebreak für sich entscheiden konnte, schien sich die Begegnung in der stimmungsvollen Rod Laver Arena im zweiten Durchgang zu drehen. Zwar gelang dem Serben das erste Break der Partie zum 2:1, doch dann drehte Federer auf und spielte phasenweise perfektes Tennis. Der 29-Jährige zog auf 5:2 davon und brachte seinen Kontrahenten zum Fluchen. Endlich schien Federer seine Form gefunden zu haben.

Djokovic fightete aber zurück, nahm Federer seinerseits den Aufschlag ab und gewann den Satz nach 61 Minuten mit 7:5, um auch im dritten Satz schnell davonzuziehen. Doch Federer stemmte sich mit aller Macht gegen das drohende Aus. Der viermalige Australian-Open-Champion nahm seinem Gegner den Aufschlag zum 4:4 ab und hatte plötzlich wieder Oberwasser. Der Publikumsliebling ballte die Faust, wurde von den Fans gefeiert - und verlor wenig später doch ein weiteres Mal seinen Aufschlag und dann das Match.

In Serie verlor Roger Federer in den folgenden Monaten gegen den Serben. Nadal und Djokovic zogen davon, auch während der folgenden Hartplatz-Turniere, Federer war nur noch der Dritte in der Hierarchie. Trotzdem war es der Schweizer, der es als erster Spieler im Jahr 2011 schaffte, Novak Djokovic zu bezwingen: im Halbfinale der French Open. Der 16-fache Grand-Slam-Sieger bezwang Djokovic, der mit einem Sieg Rafael Nadal als Spitzenreiter der Weltrangliste hätte ablösen können, in einem begeisternden Spiel 7:6, 6:3, 3:6, 7:6 und traf am Sonntag auf den fünffachen French-Open-Sieger Nadal. Drei Stunden und 40 Minuten dauerte das Duell zwischen Nadal und Federer diesmal. Doch am Ende zeigt der Spanier wieder einmal, wer Herr des Sandplatzes ist.

Blieb Roger Federer zumindest Herr der Rasenplätze? Zweifel waren spätestens im Jahr zuvor bei seiner Viertelfinal-Niederlage in Wimbledon aufgekommen. Und siehe da, im Jahr 2011 war schon wieder im Halbfinale Schluss. Federer unterlag Jo-Wilfried Tsonga 6:3, 7:6, 4:6, 4:6, 4:6.Von den Gefühlen übermannt, sank der Franzose nach verwandeltem Matchball zu Boden – wie einst Federer, als dieser vor zehn Jahren als Nummer 15 den siebenmaligen Titelträger Pete Sampras in Wimbledon im Achtelfinale aus dem Turnier geworfen hatte. Erstmals in 179 Matches verlor Federer ein Major-Spiel nach einer 2:0-Satzführung. Es waren nicht mehr nur Nadal und Djokovic, die Federer zu fürchten hatte. Der Nimbus des Schweizers bröckelte sichtlich, und immer öfter wurde in den Medien offen über das Ende der „Ära Federer" diskutiert.

Bei den US Open bekam Roger Federer im Halbfinale die Möglichkeit zur Revanche gegen Novak Djokovic. Der Schweizer konnte die Halbfinals 2008 und 2009 gewinnen. 2007 hatte er bereits im Finale triumphiert. Im Jahr 2010 setzte sich der „Djoker" erstmals durch, nachdem Federer mit 2:1 Sätzen geführt hatte. Diesmal war es sogar eine 2:0-Satz-Führung, die sich Federer gegen den serbischen Rivalen erkämpfte. Doch der Serbe gab sich trotz des Rückstandes nicht geschlagen und schaffte dank Fehlern von Federer im dritten Durchgang nach einer 3:0-Führung den Anschluss. Auch im vierten Satz nahm er Federer gleich das Service ab, schaffte das 4:1 und dominierte nun klar. Im fünften Satz gelang Federer das Comeback. Ein stürmisch gefeiertes Break zum 5:3 brachte aber nicht die Entscheidung. Federer vergab zwei Matchbälle – und verlor seinen Aufschlag! Djokovic legte nach und machte nach 3:51 Stunden den Erfolg perfekt.

2011 blieb Federer zum ersten Mal seit 2002 ohne Grand-Slam-Titel. Ist Federer noch Federer?, fragten sich die Menschen. Hatten ihn die Jungen endgültig überholt? 2011 war jedenfalls das Jahr des Novak Djokovic gewesen. Federer gönnte sich nach den US Open eine Auszeit, und die tat ihm sichtlich gut. Bis Jahresende spielte er nur noch im Davis Cup und in den Turnieren von Basel, Paris und London, dem Saisonfinale. Indem er diese Turniere gewann, merkten die Tennisexperten, dass es noch zu früh war, den 30-jährigen abzuschreiben. Besonders beeindruckend war das 6:3, 6:0 im Gruppenspiel gegen einen müden Nadal.

Das Duell gegen Rafael Nadal ging im neuen Jahr in die nächste Runde. Bei den Australian Open setzte es für Roger Federer die fünfte Grand-Slam-Niederlage in Folge gegen den Spanier. Es war das erste Mal seit Juni 2005, dass sich Federer und Nadal bereits vor dem Endspiel bei einem Grand-Slam-Turnier gegenüberstanden. Wie immer auf Hartplatz ein hochklassiges und enges Match. Nach einem ausgeglichenen ersten Satz verbesserte Nadal im zweiten Durchgang seine Aufschlagquote. Zudem profitierte der Linkshänder, der erneut mit einem dicken Tape-Verband am rechten Knie antrat, von einer zehnminütigen Unterbrechung bei eigener 5:2-Führung. Die Pause war notwendig geworden, weil wegen des Nationalfeiertages ein Feuerwerk gezündet wurde. Danach holte sich Nadal den zweiten Satz und machte insgesamt elf Punkte in Serie. Der 30-jährige Federer steckte in seinem 1001. Profimatch auch nach dem Verlust des dritten Durchgangs nicht auf. Die Vorentscheidung im vierten Satz fiel, als Nadal das Break zum 5:4 gelang.

Die folgende Hartplatzsaison zeigte aber, dass man Roger Federer noch nicht abschreiben sollte. Dubai, Rotterdam, Indian Wells – Federer spielte zumindest auf Hartbelag wieder wie eine Nummer Eins. Mit seinem Sieg in Indian Wells hatte der Schweizer seit den US Open eine Bilanz von 38 Erfolgen in 40 Matches. Federers Ambitionen auf eine Rückkehr an die Spitze der Weltrangliste wurden allerdings kurz darauf in Miami vorerst erheblich abgebremst, als Andy Roddick (den Federer zuvor in 23 Matches 21 Mal geschlagen hatte) als Sieger vom Court ging. Nicht verschweigen wollen wir die sensationelle Niederlage im Davis Cup gegen den aufstrebenden Amerikaner John Isner auf Sand im heimischen Fribourg. Mit der Pleite endete auch Federers Serie von 15 Einzelsiegen im Davis Cup. Zuletzt hatte der „Fed-Express“ 2003 gegen Lleyton Hewitt ein Davis-Cup-Einzel verloren. Als Federer am nächsten Tag auch noch das Doppel verlor, bedeutete dies das Aus für die Schweiz.

Auf Roger Federer wartete der vielleicht wichtigste Sommer seiner Karriere. Würde ihm die Rückkehr an die Spitze der Weltrangliste gelingen? Die Aussichten waren nicht schlecht, denn seine Konkurrenten hatten viele Punkte zu verteidigen. Und dann wartete ja noch Olympia in London, genauer gesagt auf dem heiligen Rasen von Wimbledon, auf dem der Schweizer seine größten Erfolge gefeiert hatte. Jedem war bewusst, dass es für Federer die letzte Chance sein würde, den „Makel“ einer fehlenden olympischen Goldmedaille im Einzel wettzumachen.

Die erste Härteprobe waren die French Open, bei denen es zur Neuauflage des Vorjahrs-Halbfinals gegen Novak Djokovic kam. Es war ein merkwürdiges Spiel, das sich der 25-jährige Serbe und sein fünf Jahre älterer Widersacher aus der Schweiz lieferten. Kein Vergleich zum Halbfinale im vergangenen Jahr, als Federer die Siegesserie des "Djoker" in einem epischen Duell beendet hatte. Jene Zuschauer, die auf ein Gigantenduell gehofft hatten, wurden enttäuscht. Beiden unterliefen zahlreiche Fehler, der zweite Satz entwickelte sich zu einem wahren Break-Festival. Sieben Aufschlagverluste bei zwölf Spielen. 6:4, 7:5, 6:3 hieß es am Ende für den Serben. Mit dem Sieg steigerte Djokovic seine Bilanz auf 27 aufeinanderfolgende Siege bei Grand-Slam-Turnieren. Seinen vierten Grand-Slam-Titel in Folge wusste allerdings Rafael Nadal im Finale zu verhindern.

Djokovic und Nadal waren zweifellos die Favoriten für Wimbledon. Auch mit Andy Murray war zu rechnen. Roger Federers Generalprobe für Wimbledon ging schief. In Halle/Westfallen gab es nun zwar eine Roger-Federer-Allee. Aber die Finalniederlage gegen Tommy Haas nahm Federer die Favoritenrolle für Wimbledon. Seit über zwei Jahren hatte er kein Grand-Slam-Finale mehr gewonnen, und kaum einer traute es ihm in diesem Jahr noch zu, seinen 17. Grand-Slam-Titel zu holen.

Der Turnierverlauf in Wimbledon hielt allerdings faustdicke Überraschungen parat. Die Fünf-Satz-Niederlage von Nadal gegen den unbekannten Tschechen Rosol in der zweiten Runde kostete den Spanier auch eine Menge Weltranglistenpunkte. Roger Federer hatte im Halbfinale die Chance, den zweiten großen Rivalen, nämlich Djokovic, aus dem Rennen zu werfen. Kaum zu glauben, aber es war ihre erste Begegnung auf Rasen. Zwar ging Federer noch mit einer 14:12-Bilanz gegen Djokovic in die Partie, von den vorigen fünf Grand-Slam-Halbfinals gegen den Serben hatte er aber vier verloren. Federer erwischte den besseren Start. Der Routinier setzte von Beginn an auf Attacke als Taktik – das, was er gegen Djokovic machen muss – und konnte so den Branchenprimus im ersten Satz überrumpeln. Das Break zum 4:2 hielt er zum Gewinn des ersten Satzes. Der zweite Durchgang allerdings ging ähnlich schnell an Djokovic, der aufblitzen ließ, weshalb er drei der vorigen vier Grand-Slam-Turniere gewonnen hat. Ein frühes Break zum 2:0 reichte ihm. Richtig hochklassig wurde die Partie dann im dritten Satz. Federer imponierte mit seiner Entschlossenheit und einem wie verwandelten Nervenkostüm im Vergleich zu seiner French-Open-Halbfinalpleite. Bei 4:4 wehrte er selbst einen Breakball ab und nahm dann Djokovic den Aufschlag ab, um sich bärenstark Satz drei zu holen. Das war der Knackpunkt des Matches. Danach wirkte der sonst so unbändige Kampfgeist von Big-Point-Mann Djokovic gebrochen. Der in seiner Aggressivität nicht nachlassende Federer machte ein schnelles Break zum 2:0 und verwandelte schließlich nach gut zwei Stunden Spielzeit seinen ersten Matchball.

Wer sollte einen Roger Federer in Bestform stoppen? Andy Murray hatte schon mit dem Finaleinzug etwas geschafft, an dem Tim Henman in Wimbledon immer gescheitert war. Entsprechend groß war die Begeisterung der Zuschauer, von der sich Murray im ersten Satz tragen ließ. Er spielte brillant.

Doch Federer zeigte im dritten und vierten Satz, dass er immer noch besser spielen konnte als jeder andere, und dass er dann unschlagbar war. Er wartete nicht mehr nur auf Murrays Fehler, sondern reagierte auf dessen Spiel, anstatt nur das eigene Spiel durchzuziehen. Mit Erfolg.

Klar, dass Roger Federer nach dem Sieg eine tiefe Zufriedenheit ausstrahlte. Spielte er jetzt das beste Tennis seines Lebens, wie er selber sagte? Zum siebten Mal in Wimbledon gewonnen (und damit den Rekord von Pete Sampras egalisiert), zum 17. Mal ein Grand-Slam-Turnier siegreich beendet. Und als Sahnehäubchen: Federer war wieder die Nummer Eins der Welt. 286 Wochen an der Spitze, auch damit egalisierte er einen Rekord von Sampras. Die Bilanz seines Tennislebens: 853 Siegen standen nur 192 Niederlagen gegenüber.

Bildnachweis:

Titelbild: Neale Cousland /Shutterstock.com
S. 13,23,37,90: Neale Cousland / Shutterstock.com
S. 39: Natursports / Shutterstock.com
S. 49: meunierd / Shutterstock.com
S. 71,85: Ra Studio / Shutterstock.com